第1章

なぜ家族にストレスを感じるのか

情報社会と言われて久しい。

見知らぬ誰かの「今日の怒り」や、ニューヨークセレブの「日常」を見聞きしながら暮らすことができる昨今、「他人の思惑」「他人が手に入れたもの」を気にしないで生きるのは難しい。

私たちは、昔のように、のほほんとしていられない。

マスコミは次々に「情報」を垂れ流し、ＳＮＳが狂ったように「情報」を拡散する。

かくして、「いい」と言われたことに邁進し、「悪い」と言われたことを、徹底的に忌避する人が増えた。誰よりも充足したいから。

人類が、いつになく「真面目」に生きているんだと思う。

「真面目」はいいことだ。そのことが、人類の生活水準を底上げし、多くの功をなしてきた。

しかし、「真面目」も、ある域を超えると危ない。

消えた病気の復活

数年ほど前だろうか、くる病という病《やまい》の復活が話題になった。くる病は、骨形成の異常によって骨が軟らかくなり、幼子の足の湾曲などを引き起こす病気である。

かつて、食糧不足によって引き起こされたこの病気は、日本では食糧事情がよくなった昭和40年代に消えたとされる。このため、多くの医者が見たことがなく、発見が遅れている、とニュースで警告されていた。

骨形成に寄与する重要な栄養素＝ビタミンDは、日に当たると体内で生合成される。食品からも摂取できるが（メカジキ、ブラウンマッシュルーム、まいたけ、鮭、卵などに比較的多く含まれる）、それぞれの含有量は少なめ。口からだけでは十分ではない。

このため、日焼けを厭《いと》い、徹底して紫外線を避けていると、ビタミンDの欠乏、ひいては骨形成の異常が起こることがあるのだ。

先日は、あるテレビ番組で、7センチも身長が縮んでしまった若い女性のケースが報道されていた。直接の原因は、骨粗しょう症による脊椎《せきつい》圧迫骨折である。

30歳前後と思しき彼女が、深刻な骨粗しょう症になってしまったのは、美肌のために、徹底して太陽光線をシャットアウトする生活が数年に及んでいたためだったという。食事の好みや体質、出産・授乳など、他にも要因はあるかもしれないが、「1秒も直射日光に当たらない生活」が、やはり大きく影響していたと言わざるを得ない。

ビタミンD生合成のための日光浴は、ほんの数分でも効果があるのだそうだ。日本の緯度なら、洗濯物干しや、庭の水やり、買い物、リビングに入ってくる自然光での生活日焼けで十分と言われる。

しかしながら、年々、紫外線対策グッズは高性能になっている。カーテンやシャツまでもが紫外線をカットしてくれる。油断していると、行き過ぎるのかもしれない。今では、別の理由で、外出時マスクが外せないし。

昔から、赤ちゃんの日光浴、子どもの外遊びは、子育ての基本だった。緯度が高くて、冬の日照時間の短いヨーロッパでは、こぞって日光浴をする。人類が、ずっとしてきたことには、それなりの意味がある。

この世に「いいだけ」「悪いだけ」のものはない

何かを徹底して止めてしまうことに危険がないのかどうか、人は一度、立ち止まって考えたほうがいい。

いま述べたように、太陽光線は、肌にシミを作り、稀《まれ》に癌《がん》を誘発するかもしれないが、骨形成の立役者である。極端な言い方をすれば、私たちは、多少のシミは笑顔でごまかして颯爽《さっそう》と生きるか、多少身体が動かしにくくなっても、美肌を自慢して生きるか、そのどちらかを選ぶしかない。

コレステロールだってそうだ。体に悪いと言われているコレステロールだけれど、脳では神経信号の減衰を防ぐ大事な物質だ。脳の約30%はコレステロールなのである。コレステロール0生活を目指せば、頭がぼんやりしてくるのは、自明の理だろう。

好奇心、集中力、やる気、すなわち生きる力。これらは、脳内の神経信号によって作られる「気分」なので、神経信号が減衰してしまえば、これらも起こりにくくなる。「やる気がなくて、つらい」日々と引き換えに手に入れる「健康」って、何なのだろう。

現代生活はコレステロール過多？　だとしたら、多少の気配りは必要なのかもしれないけど、ゼロに向かうのは、大きなリスクである。この世にノーリスクはない。

ノーリスク信仰の罠

少し前に、ＮＨＫの朝の番組で、「子どもがコロナに怯《おび》えて、散歩にもいかなくなってしまった」と発言した主婦の方を見た。

この方は、「緊急事態宣言が解除されても、当然、除菌は徹底している」と語った。娘が学校から帰ったら、手洗い、うがいはもとより、ランドセルから鉛筆１本に至るまで、すべて消毒するという徹底ぶり。これをひたすら続けていたら、娘が、「死にたくない」と怯え、散歩にも行けない事態に陥ってしまった、というのだ。これとは別に、手を洗い続けて止まらない子どものケースも報道されていた。

私だって、誰ひとりとして新型コロナウィルスで死んでほしくはない。

けれど、こんな除菌生活を続けていたら、本来かかるべき病気にもかかれない。私は、息子が幼いとき、かかりつけの小児科医に、子どもは12歳までに100回風邪をひき、さまざまな免疫を手に入れる、と教わった。

この先生は、おたふく風邪のワクチンもすすめないとおっしゃった。なぜなら、実際にかかったほうが、免疫が盤石になるから。「今のワクチンは、へたすれば12〜13年しか持たない。男の子は、思春期以降におたふく風邪にかかると無精子症になることがあるので、ワクチンはかえって仇《あだ》になる。保育園で、自然にかかってらっしゃい。10歳までにかからなかったら、打ってあげる」と。

病気は辛いことだけど、身体を強くするためのシステムの一環と見ることもできる。なのに、今や、子どもたちを追い詰めるほどの人類無菌化生活。本当にそれでいいの……?

リスクバランスは個人の責任

人類の存続という大局的なものの見方をすれば、「何千人にひとりの重篤化」に怯えて、子どもを無菌生活にして、精神的に追い詰め、免疫獲得のチャンスを奪うのは、愚策もいいところである。

かといって、「じゃあ、うちの子が重篤化したらどうするの？　家族にうつして、大切なおばあちゃんになにかあったらどうするの？」に対して、私は責任が取れない。政府も責任が取れない。だから、ノーリスクがあたかも存在するかのように、政策を展開するしかないのである。リスクを呑み込んで、ゲインを得る。そのバランスは、個人個人が決めるしかない。

感染リスクをゼロに近づけることで、私たち人類が失ってしまうもの。それは、経済活動だけではない。たとえば、肺活量の少ない幼い子どもたちのマスク着用は、脳の酸素不足を引き起こすのではないかと心配していたら、先日、夕方のニュースで、小学生や若い女性の「マスク頭痛」が話題になっていた。理由は、血中酸素濃度の低下である。

感染対策のために、私たちは、いったい、どれだけのものを失うのだろうか。

死ぬことに怯えすぎて、生きることを困難にしてしまう。

死ぬことに怯えていなくても、「ノーリスクを信じる他人」の剣幕に怯えて、自分の道が選べない。

コロナショック以降、人類は、まことに生きにくくなったものである。

完璧主義から抜け出そう

家族ストレスも、ノーリスク信仰が作り出すものだ。

「男として魅力的で、家事もできて、優しいことばをふんだんに言ってくれ、なんなら木を倒して家も建てられ、車も組み立てられ、妻以外の女性に心奪われることもなく、虫1匹殺さないのに、なぜか国まで守っちゃう」——。そんなノーリスク・オールゲインの男がこの世にいると信じてしまうから、できない夫に腹が立つことになる。

「全教科トップクラスの成績で、スポーツ万能、楽器も弾けて、お片づけができ、ご挨拶ができ、誰にもできない何かができ、大胆にして繊細で、他人に鷹揚《おうよう》でタフな、しかも、人のコンプレックスを一切刺激しない美男美女」がこの世に存在すると信じるから、子どもをそう育てようと、小言の連続になってしまうのだろう。

ある人にそう言ったら、「そんなことはないわ。そこそこでいいのよ」と笑ったけど、彼女の子どもに対する小言は、全方位に渡っている。「勉強しなさい」「習い事は、始めた以上、投げ出さないこと」「ちゃんと、片づけて」「ご挨拶して」……云々《うんぬん》かんぬん。


人生に、ノーリスクはない。

リスクをゼロに近づければ、別のリスクが生まれる。紫外線だって、コレステロールだって、ゼロにはできない。

むしろノーリスクを目指すと危ない。それは、私に言わせれば、この世で一番大事な「人生の真実」である。

家族にノーリスクはない

子育てにも、夫婦関係にもノーリスクはない。

たとえば、理系の天才の中には、片づけられない脳の持ち主がいる。脳の「仮想空間」

があまりに活性化しているため、目の前の現実と上手に折り合えないのだ。

「頭の中」のことに気を取られすぎていて、現実空間の認知に時間がかかるから、「さっさとする」ができない。あげく、置きっぱなし、脱ぎっぱなし、やりっぱなし。「タスク」にしろ、「もの」にしろ、なにせ片づかないのが、一部理系脳の典型的な特質である。

そんな子どもを、懸命にしつけて「お片づけ」できるように育てると、天才を1人、消してしまうかもしれない。しかし、正常な社会生活が送れなければ、大人とは言えない。親は、この二つのリスクバランスを考えるべきなのであって、ノーリスクを信じているのは不幸である。

だとすれば「多少の片づけられない」は、個性として呑み込んで、「そのかわり、創造性が半端じゃないわ」と喜ぶべきである。

脳の癖は、一生モノ

夫や妻が、あるいは上司や部下が、このタイプだったとしても、話は同じだ。

彼や彼女の「ぼんやり」「ぐずぐず」「ぱなし」を完全に治してしまったら、個性が消える。あなたがその人を愛した理由（おおらか、発想力がある、創造力がある、逆境にタフ）がきっと消えてしまう。

でも、心配しなくていい。こういう脳の個性はけっして治せない。

逆に言えば、「治そうとする」努力は、必ず徒労に終わる。それこそが、「家族ストレス」の大きな要因でもある。

「どうして、何度言っても、置きっぱなしなんだ！」と息巻いても意味がない。どうしてだか、本人もわからないんだもの。だったら、「どうしたの？　大丈夫？　何度言ってもできないなら、仕組みを変えようか」と言ってあげればいい。

昨日も、我が家の息子のスーツが、ウォークイン・クローゼットの前の廊下に脱ぎ捨てられていた。几帳面で、我が家の洗濯リーダーの夫が、「どうして、こうなるわけ⁉　何度言っても脱ぎっぱなし。いつになったら、スーツをハンガーにかけられるんだ」と、懲りもせずに説教している。

息子は、私と一緒に台所に立って、夕飯の支度をしている。「あなたも、彼の夕飯を食べるのだから、スーツくらいかけてあげたらいいのに」と私が夫に声をかけても、「それとこれとは別だ。しつけの問題だ」とおさまらない。

夫が廊下を行き来する度に、怒りのボルテージが上がるので、私がそっとスーツをハンガーにかけて、しわ取り消臭スプレーをかけておいた。ものの30秒もかからない。

家族を変えるより、やり方を変える

実は、我が家のクローゼットは、効率よく作ってあるのだ。今の家を建てるとき、息子の動線を緻密に割り出して、彼専用のウォークイン・クローゼットを配した。

具体的に言うと、玄関から階段を上がった正面にその場所がある。そこから右が洗面所、左がリビングキッチン、さらに階段を上がると彼の寝室である。いずれに向かうにせよ、息子は、無意識に、そこでスーツを脱ぎ落とし、カバンを置きっぱなしにする。

カバンは50センチ移動すれば「ぱなし」にならず、スーツのハンガーも1メートルも移動すればそこにある。だったら、本人がそれをすればいいわけだけど、「料理人」の彼の意識は、階段の終盤には、冷蔵庫に一直線に集中する。おかげで素敵な2皿が出来上がるのだから、「その50センチと1メートル、他の人がしてあげたら？」である。

とはいえ、夫の説教癖も治りそうにもないので、それもやわらかくやり過ごして、私とおよめちゃんが、息子の「ぱなし」を処理して暮らす。そして、今年、それが上手くできる家を手に入れたのである。

作戦がけっこう上手くいっているので、本当に腹が立たなくなった。前の家では、息子の脱ぎっぱなしポイントが、彼のクローゼットから遠かったので、夫の「無駄な説教」にイライラし、息子の「ぱなし」にムカついていた（許そうと決めているのに）。息子夫婦も、クローゼットのシェア問題で夫婦喧嘩をしていた。

いっそ「脱ぎっぱなし」を前提にして、家を建ててみようと思いつき、そのとおりにしてみたら、イラつきや喧嘩は見事に半減した。本当です。

ちなみに、息子は、翌朝、スーツがしわもなくハンガーに収まっているのを見て、わざわざ洗面所に来て、「ハハがやってくれたの？　ありがとう」と言ってくれた。

家のような大ごとでなくても、小さな工夫で、「繰り返すイライラ」を軽減できることはけっこうある。

たとえば、夫が脱いだものを裏返しのまま洗濯機に放り込むので、本当にイライラする、と訴える女性に、「その脳の癖、治らないので、あきらめて。裏返しは、あなたが戻してあげれば？」と言ったら、「私がですか⁉」と驚かれた。

「洗濯機の汚れ物を引き出してひっくり返すのは、想像以上に大変なんですよ」と言うので、「この際、洗濯かごを導入したら？」と提案したら、「洗濯かご。あ〜、たしかに」と納得してくれた。

夫が、急須《きゅうす》に、いつもなみなみとお湯をついで、ぽたぽたとこぼす。何度も繰り返す、そのがさつさに、優雅な友人が胸を痛めていた。

私は、「もしかすると、彼には、急須のような繊細な道具を使うのは、無理なのでは？

やかんに変えたらどうかしら。高校のラグビー部みたいな」とアドバイスした。彼女は大ウケしてくれた。「やかん、似合いそう」と。

何度もイライラすることがあったら、「家族を治す」より、「やり方を変える」ほうが、ずっと楽である。できるのにやらないと思うから、腹が立ち、どうしても、やらせたくなる。できないとわかれば、工夫する気持ちが生まれる。小さな工夫が、家族を救うかもしれない。

夫のイラッとするNo.1

あるとき、40代女性向けの女性誌で、「夫のイラッとするNo.1を教えて」というアンケートを取ったら、圧倒的な第1位が、やはり、この「ぱなし」だった。

脱ぎっぱなし、置きっぱなし、やりっぱなし……。理系男子でなくとも、デキる女子からしてみたら、夫婦の間に、あらゆる「ぱなし」が立ちはだかる。

何度注意しても、毎晩、ビールのコップを置きっぱなしにして、寝てしまう夫。翌朝、泡のこびりついた臭いコップを洗う度に、離婚を考えるという妻。

夫にしてみたら、つい忘れてしまったが重なっただけなのだろうが、妻にしてみたら、家事意識の欠如、思いやりの欠如、ひいては人間性の欠如に見えてくる。

風呂に入ろうと立ち上がった夫が、今さっき脱いだシャツを、跨《また》いでいく。そのシャツをもって脱衣場に行ってくれれば、どんなに助かるかわからないのに……。3人の子育てでくたくたの自分に、拾わせて洗わせる「思いやりのなさ」に、涙が出たという妻もいた。

男性脳のロックオン機能

あ〜、この世の、すべての女性にわかってほしい。

残念だけど、優秀な男性脳は、ベッドに行こうと思ったら、ベッドしか見えないし、風呂に行こうと思ったら、風呂しか見えないのである。

長らく狩りをしながら進化してきた男性脳には、「目標に、潔《いさぎよ》くロックオンする」という機能が搭載されている。遠くの目標を見定めたら、それ以外が意識から外れる。目の前のあれやこれやにはフィルターがかかり、文字どおり「見えなくなる」のだ。

ヒトが集中して注視できる範囲は、視界の中の「親指の爪ほど」の大きさと言われている。遠くの獲物を注視しているときは、当然、足元は見えないし、見ているわけにもいかない。だって、「あの獲物を狩ろう」と決めたのに、「足元のバラや苺」に気を取られていては、狩りはできないでしょう？

目標にロックオンして、それを見失わない。視覚野のその癖は、思考の癖にも反映される。当然、話し方の癖にも反映される。高い目的意識、客観性。その利点は、山ほどある。

事業開発においても、この能力は高く評価される。つまり、できるビジネスマンの要件なのである。このため、女性であっても、優秀なビジネスパーソンは、この脳の使い方を優先させていることがある。

夫の知らない「ついで家事」

ロックオン機能優先のため、多くの男性は、トイレに行こうと思いついたら、トイレだけしか意識にない。ついでにテーブルの汚れたコップを片づけようとか、そろそろタオルを換えてあげなきゃとか、消臭剤が残り少ないことに気づいて明日買ってこようとか、そんな「ついで家事」は、まったく発想できない。妻のお導きによって開眼する、なんて奇跡も、ほぼ起こらない。

〝ぱなし男〟は、おそらく狩りに出れば、優秀な狩人だ。仕事だって、きっとうまくやっているはず。縦列駐車もうまいのでは？　何かことが起これば、家族をいのちがけで守る。でも、「ぱなし」は治らない。

治そうとしても、無駄なストレスがたまるだけ。夫婦には、あきらめることからしか、始められないこともある。

一方、採取と子育てを担ってきた女性脳のほうは、「木の実もキノコも、バラも苺も採ってくればいい」のである。なにより、子どものちょっとした変化にいち早く気づく必要がある。

このため、女性の多くは、3メートル以内を綿密に見て、針の先ほどの変化も見逃さないという視覚の使い方をする。そういう使い方を優先する女性のほうが、子孫を多く残してこられたからだろう。今生で子どもを産まなくても、ここまでは子どもを産んで子育てを完遂してきた女性脳でリレーされてきたのだもの。

というわけで、妻たちは、トイレに行ったついでに、コップを片づけ、消臭剤をチェックし、タオルを換え、それを洗濯機にもっていったついでに、お風呂の栓を抜く。家の中には、夫の知らない「ついで家事」が山ほど転がっているのである。

感謝の言葉がない？

「夫が知らない」の例をあげよう。

昨年、夫が定年退職して、家に入り、洗濯と食器洗いを、自然に引き受けてくれた。我が家は、大人4人で暮らしていて、料理は私と息子が、掃除はおよめちゃんが得意なので、夫がここを引き受けてくれると、全プレイヤーが揃った感じで、なかなかいいのである。

だが、半年ほど経った頃、私が家に帰ると、夫と息子が喧嘩をしていた。我が家のメインシェフである息子に、ジンギスカン鍋の洗い方が悪いと注意された夫がキレたのだった。

鋳鉄の鍋は、調理の後、洗いすぎてはいけない。表面に油の層を残すためだ。我が家の鋳鉄鍋は、すべて、アクリルの毛糸玉(たんぱく質がよく落ちる)を使い、洗剤やキッチンスポンジを使わない。そうやって、何度も使って、やっと肉が美味しく焼ける鍋が出来上がる。夫は、それを知らずに、キッチンスポンジどころか、なんと金属ブラシで磨き上げてしまったのだ。

「知らなかったから仕方ない。そんなに大事な鍋なら、自分で洗え」とあやまらない夫に、息子が「まず、あやまるべきでは」と言い、夫が「あ〜、あやまるよ」とキレながら返し、息子が「それじゃ、あやまったことにならない」と食い下がり……とまぁ、そんなところに、私が帰宅したのである。

もう少し、早く帰っていれば、「私が、パパに教えなかったのが悪かった。（息子には）夕べ、大事な鍋を放りっぱなしにしてごめんね。（夫には）放りっぱなしの鍋を洗ってくれてありがとうね」と、私が罪をかぶってあげられたはず。そうすれば、夫も、「これから気をつける」と素直に言ってくれたに違いないのに、結局、収拾がつかなくて、息子夫婦は、自室にこもってしまった。

夫は、憤懣《ふんまん》やるかたないようすで、私にこう毒づいた。「皿洗いがどんなに大変か、わかってる⁉ 毎朝毎晩、みんなが食べ散らかした食器を洗ってるのに、それがどんなにたいへんか、ママだってわかってないんだよ！」

「はぁ？」である。「あなた、落ち着いて、よく考えてみて。私たちが結婚したのは、1985年4月6日だったよね。その日から、今年の4月までの丸34年間、誰がお皿を洗ってきたと思ってるの？」

夫は、「あっ」と息をのみ、口に手を当てた。「しかも、朝ご飯とお弁当を作ったあげくに皿を洗い、洗濯をして、化粧をして仕事に出かけ、合間に本を書きながら、ですけど？」

とダメ押ししたら、何も言わずにキッチンに再び立ち、以後、文句も言わずにお皿を洗うようになった。

先日なんて、私が食器を洗っていたら、「料理もしてくれたのに、お皿も洗ってくれたの？ ありがとうね」なんて声をかけてくれた。夫は、基本、とても優しい人なのだ。「大変だ」と知れば、心からねぎらってくれる。

しかしまぁ、そんなことに気づくのに、34年もかかる？ さすがの私も、このときは開いた口がふさがらなかった。感謝のことばも、ねぎらいのことばもないのは、「していることを認知していて、あえて感謝しない」のではなく「していることを認知していない」だけのこと。理屈ではわかっていたけど、まさか、ここまでとは……。

イラつかせる側も多少の配慮を

これが世の中の平均値だとは思わないけれど、多かれ少なかれ、こうした軋轢《あつれき》はどこの家庭でも生じていると思う。

主婦（主夫）は、家族が気にも留めないタスクを、日々、黙って山ほど片づけている。当たり前だと言ってすますには、あまりにも過酷で、終わりのないタスクである。

私も、この事件がきっかけで、私自身が「感謝の言葉もない」ことに傷ついていた日のことを思い出した。ここのところ20年ほどは、忙しすぎて、恨《うら》む暇もなかったけれど。

というわけで、自戒も含めて、教訓である。

「ついで家事」を認識せずに（ときには「ちゃんとした家事」も見逃して）、けっこう手伝った気になっている夫、隙あらば指図してくる夫に、妻はイラついてしまうのである（主夫の場合は、夫と妻を入れ替えて読んでください）。

無理に気づけとは言わないけれど、ざっくり「家事は、自分の想像の3倍はある」と呑み込んで、心の中で、いつでも感謝しておいたほうがいい。

そして、ときには「今日は、僕の好きなカレーだ〜」とか、「シーツ換えてくれたんだね」とか妻がしてくれたことをちゃんと喜び、洗濯物をたたんでいる姿を見たら、「いつも、本当にありがとう」と声をかけるとか、多少のリップサービスを心がけてほしい。

この本のテーマは「家族にイラつかないための処方箋」だけど、「イラつかせる側」にも、多少の手助けはしてほしいものである。ちなみに、「妻をイラつかせない手法」については山ほどあるので、この本では書き尽くせない。既刊『妻のトリセツ』に詳しいので、そちらをどうぞ。

女性脳は気楽なマルチタスク・システム

さて、先ほど、「夫が隙あらば指図してくる」と書いたが、心当たりはあるだろうか。
あるとき、生産管理の専門家の50代男性が、困惑顔でこんなことを言った。

妻が、やかんに水を入れながら、他の用事を片づけているうちに、やかんの水が溢《あふ》れてしまった。そこで、「やかんの水を入れながら用事をするのなら、用事が終わるころに満杯になるように、調整すればいい。水栓を全開にしなければいいんだよ」とアドバイスしたら、キレられてしまった。

そうそう、これこそ生産管理の基本、クリティカルパスである。

並列処理工程では、最も時間がかかる工程（クリティカルパス）に、他の工程のスケジュールを揃える。最後に組み上げるのだとしたら、その「合体地点」に向けて、すべてが効率よく収まるようにするのだ。

早く終われば、ラインに空きが出てしまう。あるいは、部品がたまって溢れてしまう。作業は早ければいいというものではない、「ぴったり」が大事であるということを、工場であろうとソフトウェア制作の現場であろうと、プロダクトマネージャーは骨の髄《ずい》まで叩き込まれる。

その脳で、溢れるやかんの水を目撃したら、当然、水の量を半分にしようよ、と思いついてしまうのだろう。

しかし、待ってほしい。工場と家では、そもそも、工程に関する世界観が違うのである。女性脳は、やかんの水を入れ始める前に、「その間にあれをしよう」と計画するわけではない。

やかんの水を入れている間に、たまさか目についたものに手を出すのである。で、ついであれもこれも、と片づけているうちに、たまさか水が溢れてしまうことがある、というだけのこと。

この、偶発的で、ちょっと無責任なタスク処理じゃないと、家事のように終わりのない多重タスクは、一生片づかない。そして、この機能があるからこそ、夫の知らない「ついで家事」を、比較的ノンストレスで、一日中回せるのである。

家事とは、やかんの水が溢れる、洗濯機の風呂水ポンプを止め忘れる、お鍋が焦げる、なんてことが「想定内」のマルチタスク・システムなのである。女性脳は多少のリスクを容認して、全体のストレスを見事に下げているのだ。

女性リーダーが注目された理由

私に言わせれば、女性脳の「致命的ではない小さなリスクを想定した、ストレスレス・マルチタスク・システム」は、社会システムにも導入すべきだ。コロナ禍なんて、この方式でなければ、収束しないのでは？

思えば、女性脳は、太古の昔から、「リスクゼロを目指すのがナンセンス」であることを知っていたのである。

コロナ禍の中で、ニュージーランドやフィンランドの女性首相の対応が素晴らしいと話題になったことがあった。わが東京都も、コロナ禍を、女性知事で乗り越えようとしている。もしかすると、女性脳の持つ、本能的な底力が何かの役に立っているのかもしれない。

私は「時代は準備している」と感じることがある。２０００年代初頭から拍車がかかったダイバーシティ重視の潮流によって、世界には女性のリーダーが一気に増えた。そして今、世界が抱える大問題に対して、女性脳的なセンスが必要とされているように見える。

とはいえ、先ほどのやかんのケースのように、男性脳型の人に「女性脳力」はなかなか理解できない。そして女性リーダーも、いちいち「男性脳型の論理」で文句をつけられると、本領を発揮できない。

もちろん、逆もまた真だと思う。男性脳型のセンスは、もとより大組織には不可欠で、それに対して女性脳型の人が細かいことを言うのもおすすめできない。

互いに、重箱の隅をつつかないで、おおらかに見守りたいものである。

男女は「世界観」と「手順」が違う

というわけで、「最初から、水栓を絞りなさい」なんてアドバイスは、女性脳のマルチタスク・システムには、何の意味もない。

意味のないことなのに、「その場の正論」なので、妻は言い返せないから、めちゃくちゃストレスがたまる。夫は、正しいことを言ったのに、キレられてしまい、その理不尽さに頭を抱える。

どちらも正しいのに、どちらも負けるという、世にも悲惨な勝負である。

男性と女性は、タスク工程管理の世界観が違うので、相手のすることに、口を挟まないほうが無難だということだ。

夫が妻に、だけではない。夫が家事に参加するとき、妻は細かい手順を相手に任せよう（もちろん、尋ねられた場合は親切に教えてあげよう）。

家事の大先輩からすれば、「あ～、そう干したら、あそこが乾かないのに」「あ～、粉を散らしたらすぐ拭かないと、あとで拭くのはたいへんなのに」とか、目につくことはたくさんあろうが、あえて目をつぶる。そして、あとで後始末を手伝いながら、「最初にこうしとくといいよ」とさりげなく言ってあげる。1回失敗してから優しく諭してもらったほうが、ずっと身に染みる。

というわけで、『鶴の恩返し』じゃないが、相手のしていることは、あえて見ない。家事上手の妻と、家事初心者の夫という組合せの場合、夫に料理を任せたら、その手元を見ないように努力する。他の家事に専念するか、美容院に行くか、韓流ドラマを観るか。いずれにしても、その場を潔く離れることをおすすめする。

さて、ここまでの話をまとめよう。

脳には、とっさに流れる神経信号のモデル＝「とっさの使い方」があり、それが違うと、ものの見方、考え方、ものごとの進め方がまったく違う。世界観ごと違う。

その世界観の違いを勘案しないと、相手を真に理解することはできないし、「よかれと思って」やったことの多くが無意味になり、互いのイラつきの原因になったりする。

また、「相手ができないこと」を「わざとしてくれない」と思い込んで、思いやりや愛や人間性を疑うことにもなる。

特に、男性脳と女性脳は、生物としての設計上、「とっさの使い方」が真逆の組合せなので、このことを知っておかないと、家族は辛くなるばかり、人生は過酷になるばかりだ。おとな脳と子ども脳、文系脳と理系脳の間でも、同じ軋轢が生じる。家族は、「違う脳」の集まりなので、それぞれの脳にとっての正解が違うことを、おおらかに認め合わないと、本当につらい。

脳にはオール5なんてない

万人がオールマイティになればいいと思うかもしれない。

だが、それもまた、危ないのである。脳にオールマイティは、ありえないからだ。

だって、遠くと近くは、同時に見られないでしょう?

遠くの目標を注視するときと、近くを見つめて心を寄せるときでは、まったく別の脳神経回路が使われる。誰もがどちらも使えるが、同時には使えない。

脳神経回路図を見ると、前者の使い方をするときは、脳の縦方向（おでこと後頭部を結ぶ方向）が多く使われ、後者の使い方では、右脳と左脳をつなぐ横方向の信号が多発する。「電子回路基板」として見立てたら、明らかにまったく別の装置である。

つまり、男女は、同じ脳を持ちながら、とっさに「別の装置」としてカウンターバランスを取り合うペアなのである。

家族に危険が迫ったら、片方は、遠くの危険物に瞬時に照準を合わせて対処し、もう片方は、目の前の大切なものから一瞬たりとも意識をそらさない。この二つの機能が揃わないと、大切なものを守ることができない。

多くの場合、男性が前者を、女性が後者の役割を自然に受け持つのだが、稀に逆のカップルもいる。脳は、工業生産品ではないので、100％こうだ、と決めつけることはできない。

ただし、どちらも「遠く」、あるいはどちらも「近く」というカップルは見たことがない。男女が惹かれ合うときに、真逆のタイプに惹かれるからだろうか。あるいは、複数の脳が組織化するときに、互いにカウンターバランスを取るような「無意識」の役割演算が行われるからなのか。おそらく、その両方なのだと思う。

男女の脳は、免疫に関与するHLA遺伝子の型が一致しない相手に発情するように作られている。免疫すなわち外界への反応の仕方が違う2人。どうしたって、暑がりと寒がり、おっとりとせっかち、寝つきがいい人と悪い人、という組合せになってしまう。だからこそ、子孫のバリエーションを増やし、互いを外敵から守り合うことができるのだ。

1人の人間が、ときに女性脳型、ときに男性脳型を優先させる、という場合もある。グループ全員が同じタイプの脳の使い方をしているときは、必ず誰かがその逆の役回りをせざるを得ない。

かくして、女子校や女子ばかりの職場には、宝塚の男役のような凜々《りり》しい男性脳型の女子が誕生するのである。しかも、たいてい美しい。逆に、男性ばっかりのラグビー部には、母性を発揮する「面倒見のいい先輩」がきっといるに違いない。

私たちの脳は、生来の優先回路を持ちながら、生きる環境によって、それを調整して生きているのだ。


とはいえ、何度も言うが、その両方を同時に使うことはできない。遠くを見れば、近くは見えない。近くを見れば、遠くは見えない。問題解決と共感は、同時にはできない。合理的過ぎると、創造力に欠けてしまう。ぼんやりしすぎると、現実処理力に欠ける。

脳は、そういうふうに出来ていて、完全無欠に動かすことはできない。脳にはオール5なんてないのである。

家族の原点

近くも遠くも見ようとすると、全体をぼんやり見るしかない。広範囲に何かを探すときや、スポーツや射撃などの特殊な見極めを必要とする場面では、それもまた有効な手段なのだろう。でも、その状態では、ふつうは直接的なアクションを起こすことはできない。

つまり、ヒトの脳を、全方位にうまく動かそうとしたら、感性（感知したり反応したりする機能）が全体的に弱体化されてしまうのである。なぜならば、脳がとっさに流せる神経信号の数は限られているからだ。

何かの資質をしっかり使おうと思ったら、どこかに特化して強く信号を流すしかない。万遍なく流していたら、全体に信号は弱くなってしまう。ホースの水を遠くに飛ばそうとしたら、先を絞るしかないのと一緒だ。出せる水の量は限られているのだから。

感性をグラフに表したとき、体力測定のレーダーチャート（多角形グラフ）のように、全方位に大きくふっくらとさせることはできない。どこかが尖《とが》っていて、どこかが凹んでいる、が脳の正解なのである。

だとしたら、ひとりで完璧を目指さずに、尖りと凹みが違う脳の持ち主同士が手を携えて、チーム全体で「ふっくら大きなレーダーチャート」を作ればいい。その最小単位が家族なのだと思う。

感性の尖った部分＝その個体が生き残るための才能（おおむね世間から見て長所と言われる）をうまく使うためには、凹んだ部分＝その個体の弱点（世間からは必ず否定される）を温存する必要がある。

つまり、他人の評価をまったく気にしない強さか、弱点をチャーミングだと思って、甘やかし、支えてくれる人が要るということだ。それこそが、家族の真の役割なのではないだろうか。

私は、「褒めて、育てる」ということばが大嫌いなのだが、その理由が、この文章を書いていていて、今、わかった。長所だけをクローズアップすることに、イヤな感じを抱いていたのだと思う。その陰に、弱点をたしなめようとする魂胆が見えるからだ。

ならばいっそ、弱点をチャーミングだと思える相手と、結婚すべきなのでは？　長所を判定基準にするよりも、たとえ、世間が彼女（彼）をののしっても、それでも甘やかしたいと思う相手と。

弱点を容認し合う——これを家族の原点としたらどうだろうか。

欠点を治すのは得策ではない

私の父方の祖父は、面白いことばを残した。

「私の血を継ぐ者は、医者と弁護士にはなってはいけない。どちらも、人間の汚いところを見て生きていく商売だ。私の子孫には耐えられないはず」

その妻である祖母は、幼い私を膝に抱いて、新聞を読みながら「新聞に載る人になっちゃいけないよ。犯罪はもちろんのこと、有名になることもイヤ。世間があなたを奪ってしまうから」と言った。

父は、自身が教育者だったけれども、私に勉強しろとも、宿題しろとも言ったことがなかった。むしろ「勉強は学校で完結させてやったらいい。宿題を出す教師なんて二流だ」と思っていたふしがある。晩酌の膝に抱いて、とことん甘やかしてくれたものだ。

たぶん、「人を甘やかしたい」は、私の家系に綿々と受け継がれてきた性癖なのだと思う。私も、この性癖を受け継いだ。まるで、ギャンブル癖のように、抑えきれないのである。

そして、それは、息子にも受け継がれた。彼は、幼いときから、ずっと、私を甘やかしてくれている。仕事もうまくいかず、家事も片づかなくて、罪のない息子に八つ当たりしたときも、「ママ、落ち着いて。おいらは、ママに抱きしめてほしいだけなんだ。掃除なんてしなくていい、大丈夫、大丈夫」と抱きしめてくれた。

今、彼の甘やかしの第1ターゲットは、およめちゃんだ。ずっと彼女を見つめ、ご飯を作って食べさせ、彼女が喜ぶイベントを次々と考えつき、世間の荒波から精一杯守ってあげている。およめちゃんは、歓び上手な美しいひとで、感謝と盛大な愛のことばで受け止めて、彼の気持ちを昇華させてあげている。

私は、そんな2人を見ているのが、何よりしあわせ。韓流ドラマをライブで観ているみたいなのだもの。けっこう、おすそ分けで甘やかしてもらえるし。

そんなわけで、代々、「勉強しろ」とも「塾へ行け」とも一言も言わない家系のもとで、欲しがるものはなるべく与えて、これ以上ないほど甘やかして育てた息子だったけれど、ニートにはならなかった。

バイクで何万キロも走る青春時代を過ごし、物理学の大学院を出て、自動車設計の会社に入った。一昨年、私の望みに応えて、私の会社に来てくれた、今では、私の会社の研究開発の担い手である。ビジネスセンスも、私をはるかに凌駕《りょうが》している。

昨年、森を買い、週末にせっせと通って、自らの家を建てている。美味しいご飯を作ってくれ、優しいことばを降らせてくれる。およめちゃんを大切にしている。

そんな今でも、彼の基本は、「ぐずぐず」「ぼんやり」だ。置きっぱなし、やりっぱなし、忘れ物となくし物の繰り返し。いつでも、何かを探している。

けれど、それも、よくよく考えれば、私の遺伝なのである。私も、いつでも、何かを探している。きっと傍から見たら、私も絶望的な「ぐずぐず」「ぼんやり」なのだろう。

それがわかっているのなら、治そうと努力すればいいのに、と思われるかもしれないが、そう簡単じゃない。私たち母子の「ぐずぐず」「ぼんやり」を、誰かが治すことができたら、そのときは、私たちらしさが失われるときである。私は本が書けないし、息子は森が開拓できなくなる。

家族ストレスの正体

感性が弱体化すれば、個性が消えるので、集団生活はうまくできる。高度成長期には、そういう人材も多く必要だったに違いない。勤勉で、「世間の理想」を遵守して、「上の命令」に従える資質。20世紀に定着した偏差値主義やエリート教育は、それを育てるためにあったのだろう。

昨今話題のマスク警察を見るにつけ、「この国は全体の規律のために個があるのだなぁ」と、しみじみ思ってしまう。「どんな子どもに育てたい？」というアンケートの上位に「人に優しい」が必ず挙がってくるお国柄である。我が子の幸せよりも、他者の安寧《あんねい》を願うなんて、さすがおもてなしの国だ。

20世紀日本の高度成長は、この国民性に支えられたのだろう。

しかし、個性を平準化し、画一的なエリートを誰もが目指すという構造は、発展途上国にはいいモデルかもしれないが、事業創生のスピードが速い成熟した経済の中では、得策ではないように思える。今や、「誰もが納得する、標準の理想解」は、人工知能が出してくれる時代に突入し、人間の仕事は「個性の発揮」「感性のジャッジ」に集約しはじめている。

だからこれ以上、一人ひとりが、真面目に「世間の理想」を体現しようとすることは、突き詰めないほうがいい。

パーソナル・コンピュータというジャンルを拓いて、世界を変えたスティーブ・ジョブズは、講演で「教条主義の罠にはまってはいけない」と言った。教条主義とは、「世間の理想を体現する生き方」のこと。彼は、加えて、「好きでたまらないものを探し出せ」「自分が本当になりたいものは、心と直感が知っている」とも言った。

「世間の目」を気にして優等生を目指し、優等生を目指せない者を正す。いけないことは、とことんゼロにする。この国の気質は美しい。しかし、そのことが、21世紀を生きにくくしている。そして、そのことがまた、家族ストレスを生み出す元にもなっているのである。

「甘やかし」のススメ

家族の見方を変えよう。

「世間の目」を判断基準にして、家族を断じない。

欠点を、多少は正しても、それを愛おしいと思う視点を忘れない。「世間」を敵に回しても、家族と連帯する。

こう書くと、まるで、映画で垣間見るマフィアの掟のようだが、マフィアはその構成員を「家族」と呼ぶ。イタリア人にとっての「家族」ということばには、もともとこんなニュアンスがあるのかもしれない。

愚妻や愚息と呼んで、家族を恥じる日本の文化を私は嫌いではない。そうして、「国の規範」に忠誠を尽くすこの国の家族を、美しいとさえ思う。だが、ここからの時代は、それを少しゆるめる必要がある。

コツは「甘やかし」である。家族を甘やかす――これが、この本のメインテーマだ。

というわけで、「甘やかし」のススメ。先に進もう。

第2章 「家族を甘やかす」の効用

——「失敗」「弱点」「欠点」が人生を拓く鍵

家族は、甘やかしたらいい。

私がそうアドバイスすると、「甘やかしたら、子どもが、ろくな大人にならないでしょう」と必ず切りかえされる。「甘やかしたら、夫(妻)がつけあがる。きっと、キリがなくなる」という懸念もよく耳にする。——本当にそうだろうか。

私は、人間力も家族愛も、甘やかしたほうが強くなると思っている。

一見矛盾する「甘やかし」と「強さ」について、ここでは、考えてみよう。

笑顔のない家庭の子は頑張れない

高校教師だった私の父が、あるとき、こんな話をしてくれた。

教育熱心な母親が、思いつめたような顔で、どうしたら息子がやる気を起こすのかと聞いてきたので、さつまいもをたくさん蒸かしてくださいと答えた、と。

父は「家族みんなで食べて、家族みんなでおならして、家族みんなで笑ってください」、そうアドバイスしたという。

あの母親は、笑った形跡のない顔をしていたから、きっと、家族に笑いが足りない。笑顔のない家庭の子は頑張れないんだよ。父は、そう言った。

大学生だった私は、「なんていいかげんな先生なの⁉」とあきれたけど、今ならわかる。あれは、素敵なアドバイスだった。

くだんの母親は、ひそめていた眉を解いて、吹き出したという。帰り道に、さつまいもを買ったのだろうか。おならはしなくても、肩の力がちょっと抜けていたらいいのになぁと、今でも思う。その息子ももう、50代後半だろうけど。

父は、『ルパン三世』が大好きで、『巨人の星』が大嫌いだった。

理由は、『巨人の星』の星家には笑いが一切ないからだと言っていた。「ユーモアがないのは、センスがない証拠。センスがなければ、一流にはなれん。笑顔抜きで子どもを追い詰めるのは、ただ酷なだけ」と、父は人気漫画を一蹴した。

そして教師のくせに、泥棒の『ルパン三世』を、子どもに熱烈推奨した。ルパンの、ユーモアと俠気《おとこぎ》を愛したのである。

「笑顔のない家庭の子は、頑張れないんだよ」
そのセリフを口にしたときの顔を思い出すたびに、私は、父の生徒たちへの愛を思う。教師が天職の人だった。

父も母も、私を勉強やしつけで追い詰めたことはない。私への期待はとても低くて、成績やお行儀に高望みなんてしていなかった感じだ。ふすまを破って飛び出しても、壁を傷つけて絵をかいても、父のみならず母までもが面白がった。成績が悪い？　大笑い。そんな両親だった。

親が、先まわりして何かを教えてくれて（あるいは塾に通わせて）、私がそつなくこなす、ということはまったくなかった気がする。小学校に入るときも、自分の名前さえ書けなかった覚えがある。父は、「先に教わったら、学校で退屈するだろう」と言っていた。
もう少しうまく育ててくれたら、もっと上を目指せたのに、と思った日がなくはないけど、今は、あのおおらかな日々に、感謝しかない。

どんな子が一流になるのか？

私の友人に、伊藤佳子さんというプロゴルファーがいる。「元祖美人ゴルファー」と呼ばれた美女で、その卓越した運動哲学で、NHKのゴルフ講座番組にも出演するなど、指導者としても名を上げた方だ。

何年か前、ちょうど女子プロゴルファーの活躍が話題になった頃、伊藤さんと食事をした。「こういうときは、ゴルフ教室も人気でしょう？」と聞いたら、「そうね、幼児教室なんて、数年待ち」だと言う。

たくさんの子どもたちが、伊藤さんのゴルフ哲学に耳を傾ける姿を想像して、ふと、こんな質問が口を突いて出た。「どんな子がトッププロになっていくの？」

伊藤さんは、即座に「誰にでもチャンスはある」と言い切った。「ゴルフは、全人的なスポーツだから。空中で4回転するわけじゃないから、特殊な身体能力が要求されることもないし」と。

でもね、と彼女は、真剣な顔で言い添えた。「こういう親の子だけは一流になれない、という親はいる」

「それって、どんな親？」。人の子の親として、脳の機能性を追究する研究者として、私は聞き逃せないと思って、全神経を集中した。

彼女は、こう答えた。「それは、結果にコミットしすぎる親。親が結果に一喜一憂すると、子どもは失敗を恐れるようになる。親は、子ども以上にがっかりしたり、有頂天《うちょうてん》になってはいけないのよ」

伊藤さんのことばは、私の胸を貫いた。なぜなら、そのことばの意味するところは、私の人工知能研究にも深く関与していたからだ。

生まれたての人工知能

1988年ごろのこと、私は、自分のパソコン上で、小さな小さな人工知能（AI）を実現した。ニューラルネットワークの試作品である。

ニューラルネットワークとは、人間の脳神経回路を模したシステムのこと。脳神経細胞ニューロンを模したノード（節）と、シナプスを模したリンク（線）で構成されている。

ニューラルネットワークは、人工知能の根幹をなす技術である。狭義には人工知能＝ニューラルネットワークであり、「ニューラルネットワークを用いたもの」だけを人工知能と呼ぶという人もいる。

ちなみに、２０１６年、韓国の囲碁棋士に勝ち越して、「人工知能が人類を超える時代への突入」を知らせることになった囲碁ＡＩ＝アルファ碁も、ニューラルネットワークである。ただし、これは一般にはディープラーニングというワードで有名になった。ディープラーニングは、多層（4層以上）のニューラルネットワークに有効な学習方法の名称だ。

ニューラルネットワークは、パターン学習を繰り返して、自ら学習成果を蓄える。囲碁ＡＩでいえば、囲碁のルールではなく、棋譜のパターンを学習させる。学習結果は、ニューラルネットワークの中に深く潜在していて、「本人」が囲碁をどういう世界観でとらえているかは、簡単に見ることはできない。人の頭の中を覗けないのと同じように。

アルファ碁のニューラルネットワークは7層、１１０万個のニューロン、7億３０００万のシナプスで出来ている。ちなみにヒトの脳のニューロン数は、大脳で数百億個、小脳で１０００億個とも言われる。

ニューロン数が倍になれば、学習の複雑さは何乗倍にもなり、それだけ制御が難しくなる。１９８８年に富士通がチップ化したニューラルネットワークは、3層、29個のニューロン、２３２のシナプスでできていた。それが、アルファ碁レベルになるまでに、なんと30年近くも要したのである。

そこから勘案するに、人間の脳の「機能密度」は、驚嘆に値する。学習可能性は、まさに無限。将棋の藤井聡太さんは、将棋ＡＩを戸惑わせるような新手を打ってくるという。彼を見ていると、ヒトの脳の凄さにどきどきする。将棋のことは何もわからないけど、藤井さんが考えている姿を見るのが好き。人類の宝だ（きっぱり）。

失敗しらずのＡＩはセンスが悪い

１９８８年の「生まれたての人工知能」は、私に大事な人生の秘密を教えてくれた。

それは、「失敗」は脳にとって、忌避すべきものではなく、不可欠であり、歓迎すべきものだということである。

ニューラルネットワークには、入力と出力の組合せ（学習パターン）を与えて、学習させる。こう入力されたら、こう出力しなさい、と教えるわけだ。

いくつかのパターンを繰り返し学習させると、やがて、教えたとおりに行動できるようになる。つまり、自ら学習する「プログラミング要らず」な機械というわけである。

人工知能の素晴らしさは、もともとの学習パターンにない新しい事象にも、それなりに対応できることにある。

N個の事象で学習させると、そのN個の既知の事象には、当然、教えられたとおりに、そつなく対応できる。しかし、N＋1個目、N＋2個目……の新事象にも、それなりに対応できる。よくできた〝子〟なのだ。

つまるところ、人間と同じである。

教えたことを、そつなくこなす。学校では、それだけで優等生と言われ、褒められる。なぜなら、出すべき正解が決まっているからだ。

しかし、社会に出ると、そういうわけにはいかない。おとなには、正解は用意されていない。「正解もわからない」「命題もまだない」道を切り拓いていくのが、人生というもの。事業開発はもちろんだが、たとえルーティンワークであっても、「教えられたとおり」で済みはしない。時代が変わり、世情が変われば、職場なんて、どんどん様相を変えていく。夫婦関係の維持や、家事や子育てだって、そうだ。

教えられたN個をそつなくこなすのは当たり前、新事象にどう対応していくのか、そこに人間のセンスが問われるのである。

長いあいだ生きていると、つくづく思うことがある。「センスがすべて」。人生は、その一言に尽きる。

しかし、失敗させないAIは、このセンスが悪いのだ。

失敗は脳にとって最高のエクササイズ

人工知能に学習させるとき、成功パターンを要領よく取り揃えて学習させると、学習にかかる時間は短くてすむ。あえて失敗させて、回路にショックを与えるようにすると、しばし〝混乱〟して、学習時間が長くなる。しかし、後者のほうが新事象への対応力が格段に上がるのである。

ニューラルネットワークは、人間の脳をモデル化したものである。当然、人間だってそうだと考えるほうが自然だ。ということは、人間の学習においても、失敗は、避けるべきものではない。むしろ、歓迎すべきものということになる。

私たちの脳は、失敗して痛い思いをすれば、その晩、眠っている間に、失敗に使った関連回路の閾値《いきち》(生体反応を起こすきっかけの最低ライン)を上げて、神経信号を流れにくくさせる。

要らない場所に電気信号を流さないこと。実は脳にとって、これが一番大事なのだ。私たちの脳には、天文学的な数の回路が搭載されている。これらの回路に漫然と信号が流れてしまっては、とっさの判断ができない。

目の前を通りすぎた黒い影が猫だとわかるためには、猫がわかる回路だけに信号が流れる必要がある。牛がわかる回路にも、ネズミがわかる回路にも信号が流れてしまうと、目の前の黒い影の正体がわからず、立ちすくむしかない。

とっさに使うべき回路を正しく絞ることで、私たちは直感的な判断を間違わないようになる。それが、勘であり、センスである。とっさに使うべき回路を絞り込むには、「とっさには使わない」回路を知る必要がある。失敗して痛い思いをすることは、だから、必要不可欠なのだ。

センスがいい、勘がいい、発想力がある、展開力がある。こういう能力は、知識（成功事例）の上書きでは手に入らない。自ら失敗して痛い思いをすることで、脳の中に「信号が行きにくい場所」ができ、「信号が行きやすい場所」が浮き立ってくる。そうして手に入れる能力なのである。

いくらセンスのいい人から成功事例を教えてもらっても、先達の事例なんて、結局「ひとつのパターン」にしか過ぎない。痛い思いをしたときに初めて、脳には、「とっさに流れる信号の道」が現れる。

——失敗して、痛い思いをして、また立ち上がること。脳にとって、それ以上のエクササイズがあるだろうか。とまぁ、20代の終わりに、私は、そんなことに気づいたのである。

以降、私は、失敗に胸を痛めることを、厭わなくなった。

失敗するためには、挑戦する必要がある。だから、挑戦する。新しいこと、困難なことに。

「失敗を恐れずに挑戦する」のではない。「失敗をするために挑戦する」のである。だから、失敗しなかったら、挑戦した甲斐がないので、ちょっとがっかりする。

「確信」は「賞讃」よりも気持ちいい

そんなに「挑戦」を繰り返しているなら、どんなにか素晴らしい資格や記録や賞讃を手にしているだろうと思われる読者の方がいるかもしれないが、残念ながら、私には、自慢できるようなものは何もない。

自分の好奇心の赴くままに、新しい扉を開いて、歩みを止めない。私の「挑戦」は、ただ、それだけ。何の資格も肩書もないし、どんな賞とも縁がない。好奇心の赴く先が、賞讃を伴う場所であって、それを手にできる人は素晴らしいと思う。ただ残念ながら、私の好奇心は、そこへは向かなかった。

代わりに、この世の謎をいくつか解いた。脳の中にある「男女のミゾ」を発見し、語感の数値化に成功した。誰もいない未踏の場所に、私は足を踏み入れることができたのだ。このフィールドにいられることが、私は嬉しい。なぜならば、ここは道なき道、失敗ネタ満載のワンダーランドだからだ。

私が欲しいのは、センスだ。成果じゃない。思いもよらない新事象に、腹に落ちる答えを導き出せる力だ。センスのいい脳でいられれば、迷いなく、答えが出せる。

他人に認められる答えかどうかは気にしたことがない。だって、「確信」は、「賞讃」よりもずっと気持ちいい。迷わない、疑わない、拗《す》ねない、逃げない、他人の目が気にならない……。そうやって生きられる気持ちよさのためには、富も賞讃もいらない。

私が、息子に手に入れてほしかったのも、この「確信」であった。「確信」が持てないと、「承認」や「賞讃」を求めて、「他人の思惑」を生きる人になってしまう。「他人の思惑」を生きると、永遠に「確信」に至らないから、さらに「承認」を求めて、心の飢《き》餓《が》地獄を生きることになる。

そして「確信」に至るためには、失敗を重ねないといけない。脳はそういうふうに出来ている。だから、「失敗」を忌避したり、恐れたり、ましてやなじったりする子育ては、考えられなかった。

正しい失敗の仕方

さて、再び、「結果にコミットしすぎる親がついていると、子は一流になれない」という、先の伊藤佳子さんのことばである。

親が失敗にビビると、子どもも、失敗を恐れる。親が子どもの成功に有頂天になりすぎても、そのプレッシャーで、子どもが失敗を恐れるようになる。だから、どちらもしてはいけない。

ゴルフに限らず、戦略を必要とするすべての分野において、成功することより、失敗からのほうが学ぶことが多い。なのに、失敗を恐れてしまっては、せっかく失敗しても、ショックが大きすぎて、反復学習ができなくなる。脳が思い出そうとしなくなってしまうのだ。この積み重ねがやがて大きな差になってしまう。

失敗を恐れることはない。しかしながら、「平気」でいていいわけでもない。胸を痛めないと、そもそも脳が失敗したと認知しないので、回路の書き換えが起こらないからだ。

したがって、正しい失敗の仕方は、以下のとおり。

一、失敗を恐れず、挑戦すること。
一、失敗してしまったら、潔く失敗を認め、きちんと胸を痛めること。
一、「今夜、頭がよくなる」と信じて、清々《すがすが》しい思いで眠ること。

これが脳を最大限に活性化する失敗法である。

ここで言う「頭がいい」とは、認知のセンスが良くなるということ。成績のみならず、運動センス、コミュニケーションセンス、ビジネスセンスなどすべてに関与する。

傍から見れば、「用意周到に無難な戦いをして、それなりの成果を手に入れていく」ほうが、ずっと賢く見えるだろうが、それでは、戦略性もセンスも手に入らず、人生はじり貧になってしまう。

自分自身が考えた「用意周到」ならまだしも、他人の「用意周到」にしたがっただけとなると、脳としては刺激が少なすぎるのだ。それではセンスが良くなるチャンスがない。

「志は高く、結果に無頓着」は役に立つ

そうは言っても、人の命がかかっていることや、プロとしての営みでは、失敗は極力避けたい。そういう意味では、失敗は、子ども時代におおいに済ませておきたいところである。

おとなになってから失敗体験を増やすのなら、趣味をもつことをおすすめしたい。趣味なら果敢に挑戦し、失敗を繰り返せばいい。お金をもらっていたら失敗はできないが、お金を払っているのだもの、自由でしょ？

私は、趣味は、「お金を払って、失敗しに行くもの」だと思っているので、常に「志《こころざし》は高く、結果に無頓着」。他人の目が、いっそ気にならない。社交ダンスも42年間やってい

るが、ただただ機嫌よく過ごしてきた。たとえ、ナチュラルターン（たった2歩の基本ステップ）だけに1時間ダメ出しを食らっても、1秒だって気持ちが下がることがない。

「志は高く、結果に無頓着」は、人生のあらゆるシーンで役に立つ。ビジネスにおいては、いつの間にか企画が通り、事業開発が進んでいる。「いつの間にか」というのは「すぐに」という意味ではない。失敗はそれなりに重ねるのだが、失敗を「そうか、そうきたか」なんて味わっているうちに、いつの間にかポンと格上のステージに上がってしまうのである。脳が進化しているからだろう。

反対に、「志が半端で、結果に執着」（つまり、失敗を回避した一方で、結果にこだわる）だと、脳がセンスアップしないので、同じ場所を堂々巡りすることになる。

家族をつなぐ魔法のことば

そういうわけで、失敗を恐れることはない。むしろ、歓迎したい。

ただし、失敗をちゃんと脳に活かすには、コツが三つある。

一つ目は、失敗を誰のせいにもしないこと。

「あいつが悪い」「社会が悪い」「運が悪い」……。うまくいかなかったことを他人のせいにしてしまうと、脳は「自分の脳に書き込むべき失敗」だと認知しない。せっかく痛い目に遭ったのに、あまりにもったいない。

被害者意識は、潔く捨てたほうがいい。脳のため、センスを手にするためだ。

私は、若い人に、「他人の失敗さえも、横取りしなさい」とアドバイスする。たとえ他人が100%悪くても、「私にもできることがあったはず」と悔やめ、と。そうすれば、他人の失敗も、自分の脳のセンスに変えられるからだ。

「僕も、気がついてあげればよかった」「私も、一言、添えればよかった」。そう言って、一緒に胸を痛める行為には、脳のセンスアップのほかにも利点がある。

このことばは、最高の〝癒やしことば〟なのである。

些細《ささい》なことでいい。夏の朝、「あ〜、氷がない」と嘆いた妻に、「僕も気にしといてあげればよかった」と声をかける。模擬試験の日の朝、受験票がなくてあわてる子どもに、「だから、言ったじゃないの。前の日に準備しなさいって！」と目くじらを立てるのではなく、「母さんも、夕べ一緒に確認してあげればよかった」と、一緒に悔やむ。

失敗した家族の心を癒やし、その失敗が脳に活かされるので、共に成長できる。これを言い合える家族は、豊かだと思う。家族をつなぐ、魔法のことばである。

しかも、このセリフ、あらためて強制なんかしなくても、誰かが言い出せば、やがて周囲も口にするようになる。親が言い出せば、子どももパートナーも。上司が言い出せば、部下も。だから、自分が言えばいいだけ。簡単でしょう?

これを言う人は、家庭も職場も、周囲が常にこのセリフを言ってくれるので、極めて生きやすくなる。

ありもしない罪をあえて差し出す

実は、このセリフ、私は最初に〝出世ことば〟として認識した。

上司の信頼が厚く、部下に慕われており、顧客満足度の高い人がよく口にするセリフとして、私の意識のアンテナにひっかかったのである。

たとえば、自分が出した発注仕様書が正しいのに、間違った納品があったとき、「繁忙期を避けてあげればよかった」「間違いやすい型番だったので、商品名も添えればよかった」などと言える人がいる。ちゃんとアナウンスしたのに、打ち合わせ時間を間違えた相手に、「忙しい方なのだから、昨日、もう一度リマインドすればよかった。気がつかなくて、すみません」とあやまる人がいる。

普通なら「私、ちゃんと発注しましたよね？」とか「メール、ちゃんと見ました？」とか言ってしまいがちなシーンで、ありもしない自分の罪を差し出すのだ。

このセリフを言える人は、脳内の責任範囲が広い人だ。

「私は正しく発注したのに、相手が間違えた」となじる人は、自分の責任範囲が「発注完了まで」だと思っている。

しかし「私にもできることがあったはず」と言える人は、「納品完了まで」が、自分の責任範囲だと自然に思っているのである。これが、周囲の脳には、「リーダーの風格」として映るのである。

「私も、リマインドすればよかった」とあやまれる人は、相手の潜在意識には、「自分をマネージメントしてくれる人」と映るので、自然に場のリーダーになってしまう。

家族だって一緒だ。「ほら、見なさい」と鬼の首を取ったようにダメ出しする親と、「私も、夕べ一緒に確認してあげればよかった」と言える親では、後者のほうが敬愛される。前者は、子どもと敵対しているが、後者は子どもにとって、自分をうまくマネージメントしてくれる人と映るため、自然に子どもを支配下に入れることができるからだ。

失敗を、「明日のセンス」に変え、周囲の信頼を集める出世ことば。情けは人のためならず。お試しください。

過去の失敗にくよくよしない

失敗を、ちゃんと脳に活かすためのコツの二つ目は、過去の失敗をくよくよ言わないことである。

先にも述べたが、失敗すれば、その晩、失敗に使われた回路の閾値が上がり、神経信号が流れにくくなる。それによって失敗の回路を選びにくくなり、同様のミスを繰り返さないようになっていくのだ。

しかし、過去の失敗をくよくよ思い返していると、せっかくうっすらとさせた「失敗回路」を再びよみがえらせてしまうことになる。このため、何かをする前に、過去の失敗の反省から入ると、失敗率が高くなってしまう。

テレビ番組でその話をしたら、アナウンサーの方が、「僕には、必ず取り違える名前があって、その名前のゲストが登場するとき、昔は、○○と言ってはいけないと自分を戒めていたのです。けど、それをすると必ず間違えてしまうので、今はあえて失敗例を思い出さず、台本でその方の名前を何度も見るようにしています」と、おっしゃった。

ときには、失敗を胸の痛みと共に思い出して再体験し、さらに閾値を上げる方法もあるかもしれないが、それでも、あまりくよくよすると逆効果だと思う。ましてや、本番の前にそれをしてはいけない。

未来のことはとやかく言わない

過去の失敗でさえ、思い返さないほうがいいのに、まだ起こってもいない未来の失敗をぐずぐず言うのは、もちろん得策じゃない。

教育熱心な親が、「あなたは、あのときも、このときも、これで失敗した。次も失敗するかもしれない、気をつけなさい」なんて言うのを聞くことがあるが、残念ながら、この子は、たぶん失敗する。失敗回路が活性化したまま、現場に送り込まれるのだから。失敗にビビる指導者がついていると、人材は育たない。

ここまで述べてきた、せっかくの失敗を、脳に活かす三つのコツをまとめよう。

一、失敗を誰のせいにもしない。
一、過去の失敗をくよくよ言わない。
一、未来の失敗をぐずぐず言わない。

本番の勝負では、失敗は避けなければいけない。
けれど、家庭を「本番の勝負と同じ場所」にしておく必要はない。家庭は、失敗を許し、それを脳に最大限に活かす場所にしておけばいい。

失敗だけではない。

外で凜々しく振る舞うために、家ではだらだらしたらいいのでは？　家庭でも「いい子」「いい夫」「いい妻」を強いられ、外でも頑張るなんて、どこでリラックスするのだろう。ヒトの脳には、ストレスの加重と発散が必要だ。メリハリがあっていいのである。

理想は、藤井聡太さんの境地

子どもが歩き出せば、転ばないように心を配るのは、いつの時代にも変わらぬ親心だが、今の親たちは、わずか1歳から英語教育（将来、英語でつまずかないように）、小学校に入る前には、スイミング、漢字も足し算も教えなきゃと、なんだか思いつめている。もちろん、それが楽しいのならいいが、ストレスなら、一度立ち止まってみたらどうだろう。

学校で習うことは、学校で習えばいいじゃない。学校は、知識をひけらかすところではない。知らないことに出会うエキサイティング・ワールドだ。知っていることを、ただ確かめに行くだけなら、授業なんて、退屈でしょうがないでしょう？

何年か前、幼児向けの、倒しても中身がこぼれないコップを見た。コップを倒して、ミルクがこぼれてしまう失敗さえも、今の子どもたちは許してもらっていないのかと、私は胸が苦しくなってしまった。これでは、子育てするほうもされるほうも、つらくてしょうがないのでは……。

親がまず、成果主義から、自分を解き放とう。

失敗に苛立たず、成功に有頂天にならず、子どもが胸を痛めれば、共に痛がり、歓びもしみじみと共にする。失敗したときだって、「あの戦略はよかった」「あきらめないあなたを誇りに思った」と言ってあげればいい。

棋士の藤井聡太さんは、「将棋を指す限り、勝敗はついてまわる。一喜一憂してもしょうがない」と語っている。この境地に、子どもを育ててやるべきなのだ。

おとなは、基本、自分自身で失敗耐性を身につけなければならないが、パートナーが失敗に寄り添って甘やかしてくれれば、きっと家庭は優しい場所になる。パートナーの失敗をなじったり、失敗しないように脅したり(「パートなんかに出て、家のことをちゃんとやれるのか」など）しないほうが、きっと家族は前に進める。

甘えが許されないこと

さて、家族を甘やかそう、とは言うものの、一つだけ、例外がある。生活習慣に関しては、その限りではない。特に、食べることに関しては、「思うがまま」では、人生、めちゃくちゃ損をしてしまう。

たとえば、思春期女子のカロリー制限ダイエット。親は、これを命がけで阻止しなければならない。

女の子は、初潮を迎える前に、ぐぐっと背が伸び、生理が始まると伸びにくくなる。この「ぐぐっと背が伸びるとき」と「生理が始まったとき」、骨・筋肉・皮膚・血液の材料である「動物性タンパク質」「鉄分」「ビタミン群」がどうしても不足してしまう。たこ焼きを作るのに小麦粉とタコが要るように、身体を作るときには、これらが要る。そんな当たり前のことを、若い女子は忘れてしまうことがあるのだ。

「成長期を終えたモデルさん」と同じ食事をしたら、同じようにすらりとした体型になれる気がするのだろう。かくして、野菜とヨーグルトと1リットルの水、なんていう「食事」をしてみたり。しかし、あれは、「170センチの身長と、しっかりした筋肉とほど良い脂肪を手に入れた後の話」である。

小学校高学年の栄養不足は、身長の伸び悩みを誘発し、思春期の栄養不足は、子宮と卵巣の成熟を阻害するから、不妊やホルモンバランスで悩む人生になってしまう。

ちなみに、男子は、女子より遅れて、14歳あたりに、身長を伸ばす最大のチャンスがやってくる。

だから何と言っても、肉食中心の食事が大事。男子は女子と違って、モリモリ食べてくれるので、そこは安心だが、他に気をつけなければいけないことがある。真夜中の携帯端末の凝視だ。

真夜中の網膜への光刺激が、成長ホルモンや生殖ホルモンの分泌を阻害することがある。「身長」と「男らしさ」は、思春期の健やかな眠りがもたらす。深夜0時前後のスマホやゲームは、一時期、禁止したほうがいい。

男子の身長を160センチ台から180センチに底上げするチャンスは、人生にほんの1～2年しかない。男らしさも、同時期に手に入れる。その大事な時期は、「ゲームやSNSが面白くてしょうがない年代」でもある。

欲望のままに振る舞わせていては、大人になって後悔する羽目になる。

血糖値の乱高下が、性格を悪くする

甘い食べ物にも用心したい。

空腹時に、いきなり糖質が多い食べ物を口に入れると、血糖値が跳ね上がる。この跳ね上がった血糖値を下げようとして、インシュリンが過剰分泌されて起こるのが、低血糖だ。これが慢性化する低血糖症は、「空腹時に甘いものを食べる癖」から起こることがほとんどなのである。

脳神経信号は、電気信号である。電気だから、当然エネルギーが要る。そのエネルギーは、ブドウ糖すなわち血糖だ。つまり、血糖がないと、脳は動かない。

やる気、好奇心、集中力、思いやり、発想力、忍耐力、記憶力。これらは、電気信号によって引き起こされる脳のイベントなので、低血糖では、うまく機能しないのである。成績も性格も悪くなるので、血糖値の乱高下《らんこうげ》は、人生をじり貧にしてしまう。

特に朝食は、最も飢餓状態で摂る食事なので、他のどの食事よりも気をつけなければいけない。

血糖値を跳ね上げるのは、白く柔らかいパン、スイーツ、甘い果物など。パンケーキ、あんパン、ジャムトーストなんていう朝食ばかりが続くと、あっという間に低血糖症に陥ってしまう。

もちろん、体質によって、甘い朝食ばかり食べても大丈夫という人もいるかもしれないが、「甘い朝食」に「成績が振るわない」「キレやすい」などの症状が伴うのなら、見直す必要がある。

離婚を決心する前に、食生活を見直そう

私は、「夫の性格が悪いから、離婚したい」という相談を受けると、必ず、「食生活を見直して、それから考えてみて。2ヶ月後に」とアドバイスする。ちゃんとした朝ご飯を食べさせて、夫の昼ご飯や、残業前の軽食まで気にしてあげ、「空腹時に、いきなり糖質」を避けさせるのだ。

このアドバイスを差し上げたすべての方が、「夫の性格が変わった」と報告してくれた。脳を動かしているのは、栄養である。家の〝食のリーダー〟は、家族の人生を握っていると言っても過言ではない。

早寝、早起き、朝ご飯。

昔から言われる、正しい生活習慣には、それなりに意味がある。

……なんて書くと、一生懸命になりすぎる方もいらっしゃるだろうか。そこは、ほら、あまり思いつめないでほしい。

パンケーキにアイスクリームという幸せな朝食を、その日の頭脳明晰と引き換えに手に

入れる日が、たま〜にあってもいいのでは。人間の身体は、一日正しい生活習慣をパスしたくらいでは暗転しない。

よくある「実家の問題」

先日、ある番組で、人生相談に答えることになった。

相談者は、実家を心配していた。——実家に残った姉が、食事を一切作らず、母親がせっせと姉家族に作って食べさせている。父親が亡くなった今、母親もいつまで食事を作れるかわからないので、姉になんとか心を入れ替えてほしいのに、いくら言っても、暖簾《のれん》に腕押し。母も、今さら姉にやってもらう気はないらしく、歯がゆい。なにか、いい手はないだろうか、と。

食は人生の基本、家族の要《かなめ》である。

一家の主婦が料理をしないなんて、どういうこと⁉ と、憤慨するのが「正義」なのだろうが、私の答えは、「放っておけばいい」である。

相談者の「実家を何とかしたい」には、二つの要素が絡み合っている。「姉や母が心配」は、その一つ。もう一つは、「奔放な姉に、母が甘い」という事象に深く傷ついている、ということだ。

この絡み合った2本の糸を解いて、1本ずつ処理しなければ、悩みは消えない。

まず最初の糸、姉の人生については、まったく大丈夫だ。人生とは面白いもので、料理が嫌いな人には、料理好きの親や夫がついていたりする。わがままな人には、世話好きな家族や友人がいて、案外、周りが何とかしてくれる。料理をしない代わりに、その人は別の恩恵を誰かにもたらしているからだろう。

もちろん、一人暮らしの友人には、私も口を酸《す》っぱくして言う。「食生活を賢く管理するか、それができる人と暮らしなさい」と。

けれど、「お母さんがしてくれる」なら、目くじら立てなくていいのでは？　お母さんの後は、きっと夫が面倒を見てくれる。あるいは本人が出来合いのもので済ませる図太さをもっているはずだ。

親切にされた人より、親切にした人のほうが幸せ

お母さんが、かわいそう？　それも、ぜんぜん心配ない。娘一家に食事を作ってあげることは、お母さんの生きがいになっているはずだ。

脳は、インタラクティブ（相互作用）によって、最も活性化するようにできている。それは、自分と相互作用を起こすものを瞬時に見抜くための、脳の認知機能の基本構造に起因している。

赤ちゃんは、自分に手を差し伸べてくれる人に反応しなければ生きていけない。原始の社会では、数ある森の木の中に、自分を捕食しようとしている敵がいたら、瞬時に気づいて逃げなければいけない。もう少し成熟した社会では、「自分がしたことの影響を受ける人」を見抜いて、深くかかわることで、組織が生まれる。

脳には、自分に関わるものを見抜いて、それに強く反応する力が、原初的に備わっているのだ。

このため、誰かにアクションを起こして、その誰かが反応すると、脳の快感は最大値に

なる。つまり、脳の機能性から言えば、「親切にされる人」より、「親切にした人」の脳のほうが幸せなのだ。充足感が強く、脳が活性化するので、成長期なら頭がよくなるし、成熟期ならボケない。

ということは、自分がいなければ生きていけない存在は、なによりも甘美な存在ということになる。だから、赤ちゃんも愛猫も、人をメロメロにしてしまうのだ。

先ほどのお母さんの脳にとっては、「自分の料理で生きている娘」は、愚痴を言いながらも甘美な存在なのである。そして、確実に、お母さんの脳の健康を促進している。

Win-Win（ともに利がある）のこの関係に、第三者が口を挟む隙はない。

家族とは不公平なものである

そう言われても、気持ちが収まらないのだとしたら、もう1本の糸のほうに向き合わなければならない。

相談者は、「奔放な姉」と「それに甘い親」のセットに、ずっと不快な思いをして来たのではないだろうか。正義感が強くて、真面目で、とても素敵な人なのだろう。だとしたら、深く傷ついている。

ならば、実家とは、距離を置いたほうがいい。

なぜなら、家族の絆《きずな》は、そもそも「正義」とは違うところに作られるからだ。

兄弟の中で、「いい子（聞き分けのいい子）」と「ダメな子（聞き分けのない子）」がいると、母親の気持ちは、案外、後者に向いてしまう。ダメな子をかばって、いい子に我慢させてしまう、なんてことが多発する。

そのほうが便利だからだ。この世のシステムには、リスクをミニマムにしようとする性質がある。ヒトの脳も、これを免れない。聞き分けのいい子に我慢させたほうが、我の強い子に我慢させるよりたやすい。できる子に用事を頼んだほうがスムーズだ。

だから、とっさにそちらを採択する。その上、「インタラクティブが起こる相手が愛おしい」という脳の性質にのっとって、「できない子ほどかわいい」という現象も起こる。

親自身は公平にしていると思い込んでいるが、実は公平なんかじゃないのである。「いい子」のほうが叱られるという、悲しいパラドックス。

兄弟の中で、「ダメな子」と組まされた「いい子」は、本当にきついと思う。それを解消しようとして、正義に訴えても、ますますつらくなるだけである。そもそもの親子の情には、正義とか公平性がないのだから。

もしも、読者の中に、その貧乏くじを引いてきた人がいたら、私は、あなたのために心から悲しく思う。悲しいけれど、これには解決策はない。家族と距離をおいて、振り返らずに、自分の人生を生きよう。


先の人生相談で言えば、料理を作らない姉は、たしなめられるべきである。老いた母親を家事から解放して、大切にすべきだ。それは、たしかに正しい。正義である。

しかし、その正義は、ときに、家族を切り裂く刃にもなる。「よかれと思って」と言うセリフが、どれだけの家族の縁を断ち切ってきたか。

家族の絆は、「正義」とは、少し離れた場所に作られる。正義感に駆られた者は、それを見ないで済むように、少し距離を置いたほうがいい。なぜならば、正義の人もまた、正義の刃で傷つくことになるからだ。正しいことを言ってあげているのに、それを聞きもせず、当人同士は案外仲がいいだなんて、まったくもって、腹だたしい。

「愛おしさ」の正体

人は、顕在意識では、相手の長所に惚れるが、潜在意識では、相手の弱みを愛おしがる。恋が愛に変わるのは、後者が前者を超えたときだ。

だから異性を引きつけて離さないためには、どんな長所があるかも大事だが、どんな弱みを持っているかは、もっと重要かもしれない。

美しく逞《たくま》しく、責任感と優しさに溢れた完璧な男子が、案外抜けているとか、自分の前でだけちょっとだらしないとか、そういったことがどれだけチャーミングか。

嘘だと思うのなら、2020年、第3次韓流ブームを巻き起こした『愛の不時着』を観てみればいい。ヒョンビン演じる完璧な男、リ・ジョンヒョクは、たまにヒョコッと失敗をする。あるいは、ヒロインが、彼の部下を「イケメン」と褒める度に、彼と張り合おうとして、ちょっとコケる。

その瞬間の表情が、あまりにも愛しくて、私は、その場面だけを繰り返し観たくらいだ。『愛の不時着』愛を語るすべての女子が、そうした私の行動に「わかる、わかる」と言っている。

あるとき、欧米の認知心理学者が、雑談で、面白いことを言っていた。

——私は、3人の男と暮らしている。夫と2人の息子。あるとき、夫と別れて家を出ようと決心したことがあったのだけど、ふと「私がいなかったら、この家の男たちは、どうやってものを見つけるのだろう」と心配になって、思いとどまった。なにせ一日中、「あれはどこ?」と聞かれて、それを差し出して暮らしている。私がいなかったら、あの家は回らないのでは……と思ったら、出ていけなかった。

彼女は、笑いながら、そう語っていた。離婚を踏みとどまった理由は、夫の長所や美しい思い出なんかではない。3人の男たちの弱点だったのだ。

人間って、案外そんなものではないだろうか。

美しい誰かと食事をしていても、電球を交換できない恋人から、「トイレの電気がつかないの」とメールが届いたら、気もそぞろになって、走って帰ってしまうのでは?

新しい恋に落ちてしまいそうになったとき、「いや、今の彼女のほうがキレイだ」と気づいて思いとどまるということは、ないような気がする。それよりも、今の彼女がもっていないもの、できないことが不憫になって、思いとどまるのではないかしら。

ずっと昔、男性2人と女性1人の三角関係を描いたドラマがあって、彼女は最後に、主人公の逞しいイケメン男子ではなく、優しすぎて損ばかりしているもうひとりを選んだ。そのとき、理由を聞かれた女性が、こう答えている。「あなたは、私がいなくても生きて行けるけど、あの人は、私がいないと生きて行けないの」

小学生だった私には、さっぱりわからなかったけれど、大人になってから、ふと、その彼女のセリフを思いだした。「愛」の真理だなぁ、と。

脳は相互作用に強く反応する

人生は、不公平である。

わがままな人がモテたり、怠惰な人がちやほやされたりする。その一方で、誠実に生きている人が、ちょっとのわがままや怠惰さを責められて、抑圧される。親も世間も、優等生には期待するから、優等生になればなるほど、ハードルが高くなってしまうのだ。だから、つい、他人のわがままや怠惰さをたしなめたくなるのだが、それが「余計なお世話」扱いされて、また悔しい思いをする。

はなっから、優等生なんかにならない。という手もある。私は、早くから、そこにいる。正確には、なれなかったのだけど、あるときからは、うっかり、そうならないように気をつけている。権威ある肩書は、極力、手に入れないように、と。だって、私の素行は、いくらだって、叩きようがある。「偉い人」になってしまったら、世間が許してくれないだろう。

人生の不公平を作り出すのは、さっきも書いたように、脳がインタラクティブ(相互作用)に強く反応するからである。

誰かが、自分なしでは生きていけない、ということに、強い快感を覚えるからだ。弱点=痛みを、愛する人だけに触れさせて、その手を頼りに生きていこうとしている人を、容易に突き離すことはできない。

きれいだから、頭がいいから、逞しいから、優しいから。惚れる理由はそうであっても、愛する理由は、弱点のほうにある。

優しさの証明

惚れて、なおかつ、愛おしい。そんな極上の関係を築くには、長所と弱点のセットが必要だ。弱点ばかりでは、ただのダメ男、ダメ女だけど、弱点ゼロでは、味気ない。

どんなドラマを観ても、潜在意識のその作用は明らかなのに、人は、家族のこととなると、弱点があることが許せなくなるらしい。

自分の弱点や欠点も怖くて直視できない、許せない。その呪縛から抜け出すための第一歩は、誰かを許してみることだ。他人を許せる人は、自分のそれも、他人が許してくれると無邪気に信じられるので、リラックスして生きていける。

他人の失敗を責めない人は、自分の失敗にもビビらない。

まずは、誰かのムカつく失敗を、勇気を出して許してみよう。

「家族や友人の弱点、怠惰やわがまま」をひたすら許す1週間とか、作ってみたらどうだろう。最初はきついかもしれないが、許してもらった人の反応があまりにも素敵で（心から反省してくれたり、ねぎらってくれるようになったり）、けっこう癖になるかもしれない。

やがて、自分の弱点も、家族にさらけ出せるようになって、自分自身が許せるようになるはず。

弱点は、チャームポイントだ。それを、自分自身の潜在意識に叩きこむのである。自分が誰かにそうすることで、自分の脳に「優しさの証明」をするのだ。自分を許せた日から、「人生は不公平」が消える。だって、得する側に回ってしまうのだから。

優しさがわからない人間もいる

とはいえ、手ごわい人はいる。いくら「優しさ」を注いでも、それを受け取れない、ひねくれた人。なんなら、さらに要求してくる飢餓の人である。

私は、「そういう人は、可哀そうな人」なんて同情は一切しないが、だからと言って、優しさを注いだ自分の行為が無駄になったとも思わない。
なぜなら、「人は優しいものである」という刻印が、自分に残せるから。

人の優しさを信じるためには、他人に優しくされて、「人は優しいものなんだな」と思うのが一番わかりやすい道だが、自分が人にそうすることで、「人間には優しくできる能力があること」を自己証明してもいいのである。

なんといっても、潜在意識に深く届くのは、「他人がしてくれたこと」より、「自分でしたこと」のほう。自分が全神経系を実際に使って行ったことだからだ。

だから、陰口をたたく人は、人を信じられなくなる。他人も陰口をたたいているに違いないと思い込むからだ。

言いたい放題が可能なSNSの怖さは、ここにある。陰口を書き込んでいると気持ちがいいかもしれないが、やがて、人に向けた刃が、自分の潜在意識を委縮させて、無邪気に生きていられなくなる。

優しい人は、人の優しさを信じて、生きていける。

そうでない人に遭遇しても、あまり悩まない。その人と関わらないで生きていけばいいだけだと知っているからだ。——たまさか、その人は、私に優しくなれないのだろう、だとしたら、傍にいないほうが、その人のため。そんなふうに思えて、あっさりと、別れられる。

そう、本当に優しい人は、優しくない関係に執着しないのである。だから、いつも優しい人とつるんでいられる。

優しさは、寄せては返す波のように、注げば、基本的に相手からも必ず返ってくる。悲しいすれ違いで、冷えてしまった関係だと、優しさを注ぎ始めるタイミングは難しいかもしれないが、そういうときは「えいや」で始めればいい。

それでも、注いでも注いでも、優しさを返してくれない人がいたとしたら、私は、その縁は、遠ざけてもいいと思う。

生まれつきの性質か、育った環境のために、「優しさ」の仕組みが脳の中に作られなかった人なのかもしれない。そういう人は、優しさがなくても、けっこう生きていける。その人はその人で、別の世界観でつながれる人を見つければいい。

優しさの仕組みがあるのに、特定の人にだけ優しくなれない、ということもある。たとえば、コンプレックスを刺激される相手。あるいは、過去のトラウマがある相手とか。その場合、遠ざかってあげたほうが親切というものでは？　いずれにしても、優しさを注いでも虚しい縁には、執着しなくていい。

ただ、それが、家族だったらどうだろう。

帰りたい家、帰りたくない家

失敗したとき、痛みに共感してくれ、「私も、できることがあったはず」と悔やんでくれる。ともに善後策を考え、安らかな眠りをくれる。ありのままの自分を、穏やかに認めてくれて、小さな幸せを共に喜んでくれる親がいる。そんな家なら、おとなになっても帰りたい。

でも、家に帰れば、「太ったんじゃない？」「いつまでひとりでいるつもり？」「女房にあたまが上がらないね」なんて声をかけられ、日ごろの愚痴と、身体の不調を訴えられる。ちょっとした幸せを報告しても、「大丈夫なの。そんなにお金を使って」「油断しちゃダメよ。あんたは、詰めが甘いんだから」なんて釘を刺される。ましてや失敗したなんて、おくびにも出せない。

そんな家なら、コロナ自粛を口実に帰れなくなって、ほっとするくらいだ。自分が帰りたくない家を、自分もまた作ってしまうとしたら、それは悲しい循環ではないだろうか。そこから、自分の力で、抜け出さなければいけない。

人は、「育った家庭の流儀」からなかなか脱却できない。感性の基礎は3歳までに、ことばの癖は8歳までに、できあがってしまうからだ。

もしも、実家が「帰りたくない家」だったのだとしたら、残念ながら、親を捨てなければならない。

文字どおり、面倒を見ない、帰省しないという意味ではない。心の中で、そっと捨てる。

親のことばや表情に一喜一憂しない覚悟を決めるのである。親のため息やことばに、いちいち傷つくのをやめるということだ。

親に言われたことに動揺してしまうのは、同じ価値観の中にいるからだ。世間の理想を、自分もまた追っているから、親がする「理想からの引き算」が癇《かん》に障る。その価値観から抜け出すには、一度、親を自分の中から締め出す以外にないような気がする。

親に冷たくする必要はない。むしろ前よりも優しくしてあげればいい。自分がほしかった「優しさ」を見せてあげるつもりで。

ひどい家族に優しくする。

つらいことだけれど、そのほうが、人間関係がすっきりする。優しくされると、人はそれ以上、ひどいことが言えなくなったりするものだ。「小言」と「反抗」でつながってきた親子だと、急な優しさには「他人行儀」「水臭い」という感じが漂うことに。優しい態度は自分を守るアーマー（鎧）にもなるのである。

実家は変えられない。

けれど、自分の家は変えられる。

家族が帰りたくなる「家」をつくろう。傷ついた翼を休ませられる家。毎日帰るその場所が優しい場所であるように。

第3章
家族にこそ必要な、4つの「やってはいけない」

先日、連絡が取れるはずの知人2人に、立て続けに連絡が取れなかったときのことだ。一緒に作業をしていたおよめちゃんが、「もしかしたら、知らないうちに、世界が滅亡した？　私たち以外は、誰も生き残っていないとか？」とつぶやいた。

私が笑って、「だとしても、ここに家族が揃っているから、私はかまわない」と言ったら、およめちゃんが素敵なセリフを返してくれた。「そうね、この4人なら、何でもできるから、心配ないね」

でも、「となると、人類繁栄は、私ひとりにかかってくることになるね。私しか子どもを産めないからさぁ」とおよめちゃん。「けど、繁栄するには、せめて、もうひと家族は必要ね。私たちが生き残った以上、きっと他にも生き残った家族がいる。世界の果てまで探しに行こう」と私。「いいね、そうしよう」とおよめちゃん。

私たち家族が、かけがえのない無敵家族だと、しみじみ味わった昼下がりだった。

家族には「ルール」が必要だ

我が家が無敵なのは、一人ひとりが優秀だからじゃない。甘やかし合って、誰もが自分の個性を究極まで活かしているからだ。

失敗も立ち止まることも許されて、甘やかされる。ここに帰ってくれば大丈夫、家族が揃っていれば大丈夫。そんな、かけがえのない家族を作りたかった。

およめちゃんのセリフが、私たち家族が、今のところ、そうなっていることを教えてくれた。

とはいえ、油断はできない。

人には、あくなき向上心がある。孫が生まれたら、私の目がくらんで、教育ババになってしまうかもしれない。

失敗をさせたくないと、先へ先へと手を差し伸べてしまうかも。「素晴らしい子」と称賛されたくて、小言の嵐になってしまうかも。

だからそうならないように、我が家には、いくつかの甘やかしルールがある。存分に失敗することができるための、セーフティネットのようなルールだ。

「置き忘れ」を甘やかす方法

たとえば、私と息子の「置き忘れ」は、常軌を逸している。

「メガネがない」「鍵がない」「書類がない」「バッグがない」「あの服が見つからない」「シナモンパウダーはどこ?」……。ふたりして、いつも、なにやかや探しながら暮らしている。

ときには、「自ら、いつもの場所に置いた」ものが、目に入らないこともある。およめちゃんに「いつものところにあるじゃない」と叱られて、「え、いつ、現れたの?」という感じだ。最初にちゃんと見たのに、不思議、不思議、摩訶不思議。

そこでルールが必要になる。「なくした本やCDは、すぐにまた買っていい」という「甘やかし」ルールだ。

これは、私が私自身のために作った。お気に入りのCDや、ミステリーの下巻が見当たらなくなったときのストレスは、本当に大きい。何時間も、上の空になってしまう。

結局、ご飯が作れなくてピザを取る羽目になったり、原稿が書けなくなったり、私の動きが鈍れば、家族の仕事や勉強の生産性も下がる。

有形無形の経済マイナス効果は、たぶん、本1冊以上になる。ならば、さっさと買ったほうがずっと健全である、と気づいたのである。

このルールには、さらなる利点がある。高々2000円くらいで、うんと贅沢した気分になるのだ。だって、なくしたCDを、探さずに、さっさと買っていいなんて、そんな贅沢ある？　私にとっては、高級レストランに行くくらいの非日常感である。

息子にとってもそうらしく、「ない、ない」と探す息子の前で、「じゃあ、もう一度買いましょう」とあっさりと注文ボタンを押すと、「え、いいの？　ほんと？」と、どんなプレゼントをしたときよりも、甘やかな顔になる。

「見つかったら、どうする？」と言われたら、「誰かにあげよう。私たちのお気に入りなんだから、きっと誰かを幸せにする。あるいは売ればいい。いずれにせよ、お気に入りの作者に印税を2倍あげられるでしょ？」

預けたCDをなくしたダンスの先生にも、このルールを適用してあげたら、豪華な花束をあげたときより感激された（微笑）。

不思議なことに、このルールを制定してから、なぜか本やCDがなくならない。このルールを制定したのは10年以上前だが、適用したのは、ほんの数回しかないのである。息子のためには、おそらく1〜2回。

実質数千円の支出なのに、私自身が安心して暮らし、息子に「母は、優しくて太《ふと》っ腹《ぱら》だ」と思われるなんて、コスパはめちゃくちゃいいといえよう。

「我が家独自のルール」が連帯感を生み出す

「なくした」「忘れた」に目くじら立てない。苦笑して、次善策を共に考える。これは本やCDに限らない、我が家のやり方である。

息子のなくし癖の根本原因＝「置きっぱなし」「やりっぱなし」を、夫は根気よく叱り続けている。おかげで私は、「そう叱らなくても……」の立場を二十数年間、貫けている。

なんせ、叱られて育った私がいっこうに治っていない。何度痛い目に遭っても変わらないのだから（少しは工夫ができているけど）、これは、脳の原初的な特性なのだろう。それに、なくした本人が、誰よりも傷ついていて、悲しいのだ。だったら、なにも、家族がプレッシャーをかけなくたっていいのでは？

我が家のこのルールを、どのご家庭にも、とは言わないけれど、どの家族にも、その家族独自のルールがあったほうがいいと思う。

しかも、そのルールは、他人が見たら眉を顰《ひそ》めるような、ちょっとした背徳感があるもののほうがいい。「一種の秘密」を共有することは、強い絆を作り出すものだから。「他人には自慢できないような、我が家だけのルール」は、家族の連帯感を作りだすはずだ。

我が家の場合は、「なくした本やＣＤは、即買っていい」と「夏休みの宿題は、親子協力体制でやる」がそれ。

他人に、「そんなことじゃ、ろくなことにならない」と言われてきたけれど、本当にろくでもない羽目に陥って泣くことなんて実はそうない、というのが60年生きた私の実感だ。

母のお嬢様気質

「なくした本やCDは、即買っていい」と言うと、「それじゃ、ものを大切にしない、浪費家に育ってしまうのでは?」と言われることがあるのだが、我が家に関して言えば、その心配を感じたことがなかったし、そう育つこともなかった。

息子は、大学と大学院の6年間、アパート暮らしをしていたが、食費をうまくやりくりしていた。「キャベツが安かったから、今週はキャベツ料理を3つ発明した」とか。その上、余った食費は律儀に返してくれた。「余った食費は、あなたが使えばいい」と言ったら、「足りないときは出してもらっているのだから、それはフェアじゃない」と息子。

お金に関するしつけは、一切したことがない。祖父母と共働きの両親が揃った一人っ子で、お金の苦労もさせたことがない。

私の実感では、お金に対するセンスは、しつけて身につくことではないような気がする。それは、持って生まれたもの、気質なのではないだろうか。

母が、私に「あなたは、家の財布のお金を勝手に使ったことがないわね。同じように育てたのに、弟はそれをする。私も、それをしたのに」と言ったことがある。

母の実家は商売をしていた。昭和の初めのことだから、レジもなく、店の裏のかごにお金をそのまま入れていたそうだ。そのかごから「拝借」して、欲しいものを買う。当たり前だと思っていたけど、あなたはそれをしない、と。

母は、私を誠実だと褒める文脈でそう言ってくれたのだが、私はそれを、自分の「お金にちっちゃい、頑《かたく》なところ」だと知っていた。

母は、親のお金を、自分のもののように使えた。その感覚のおかげで、夫の収入で食べていくことに何の抵抗もなく、幸せな専業主婦に収まった。

一方の私は、自分の食費を自分で稼がないと不安なのである。大学生のときは、家庭教師のバイト代で学費も払った（当時の国立大学の学費は今と比べてとても安かったので）。

致命的なのは、「分を超えたお金」を使う度量も器量もないことだ。華やかな夢を見る能力が低い。だから、けっして一流実業家になれない。そんなことは、人生の早いうちから自覚していた。母と自分の違いを、ものごころついた頃から見ていたからだ。母はお嬢様気質、私は使用人気質なのである。

母から受け継いだもの

日本舞踊の名取《なとり》であった母には、秀でた審美眼があって、なんでも超一流を手に入れた。加賀友禅に、辻が花染めに、プラチナ糸を織り込んだ帯……。

着物のコレクションは、「国宝級職人の一点もの」も多く、何も知らずに受け継いだ私は、それを身につけて銀座のママに褒められたりして(「正直、このセンスとコレクションはすごいわ」とか)、その価値を知ることになった。

また、お嫁に行く私に、実家の家紋の刺繡《ししゅう》を施した喪服の帯をあつらえたりする、「日本古来の贅の尽くし方」を知っている人である。

母は、バッグを自分でデザインして、発注したりもしていた。私は、そのバッグも受け継いだが、ブランド物のバッグと並べても、「ただものじゃない」のがわかる。通常は目立つところにしか使わない皮革部位を、脇にも、ときには底にも使うのである。

クロコダイルの美しい模様を、くまなく使った逸品。あるいは、センザンコウの幾何学模様を、美しく活かした逸品。「このバッグは、どこで?」と聞かれることもある。「母から受け継ぎました」と言うと、「どちらのおうち?」と聞かれて、苦笑する。名乗っても、誰も知らないだろう。田舎教師の妻で、よくここまで、と母の手腕に驚嘆してしまう。

母は、潔くお金を使ったが、浪費家ではなかった。無駄に数を増やさず、手入れの仕方もまた超一流。母の使うバッグは、新品よりも佇まいがよかった。バッグは使い始めが大事なので、「あなたに先に使ってほしい」と言って、母のもとに新品を置いていく友人さえいたくらいだ。

私も、新品を買ってもらうより、母の着物やバッグを受け継ぐほうが100倍好きだ。ヒトの脳とは不思議なもので、そのものにかけられた気持ちと手間と時間が、ちゃんとわかるのである。

私は、どう頑張ったって、使用人気質が抜けない。自分のために高いものが買えないし、私が持つとバッグは、みるみる姿が悪くなる。なにより、贅の尽くし方を発想するセンスがない。私にとって、そんな母の気質は、宝物である。

「親の金を勝手に使う子」で「浪費家の妻」に見えるかもしれないが、私から見たら、

「美しい世界を見せてくれる、女王のような母」である。父も、その母の贅沢に照らされて、よく働いた。

私も恩恵を受けている。自分にセンスがなくても、母の模倣ができるので、審美眼のある人たちに、少なくともビビらないでいられる。

家族は正反対の資質の集まり

家族の資質は、それが「浪費家」であれ「なくしものの天才」であれ、役に立たないということがない。

なぜなら、男女は自分の真逆の感性の人に惚れるから。家族は、正反対の資質同士の集まりなのだ。

誰かの浪費によって、誰かのつましい人生が華やかになる。稼ぐ誰かは、もの忘れの天才だったりする。そのなくし物を探し出す天才がいて、丸く収まる。

家族とは、凸凹を重ね合わせて、大きくきれいな円を描く、人生のチームである。本当にかけがえがない。

しかし、そんな凸凹同士が、軋轢なく上手くやっていくには、多少のルールが要る。ここからは、そのためのおすすめルールについてお話ししよう。

ルール その1 家族に「世間」を持ち込まない

一方から見れば浪費、もう一方から見れば、人生の華。こういう「ものの見え方」のひっくり返しは、人生を楽にする。

思考の癖にするといいと思う。人生のあらゆる局面をひっくり返して見ることができれば、親子に限らず、ビジネスパーソンとしても、生活者としても、けっこう役に立つ。

「裸の王様」は、本当に裸なのか

アンデルセン童話の中に、『裸の王様』という話がある。

「愚か者には見えない、素晴らしい布」を見せられた王様が、見えないのに見えるふりをして、その布で作られた衣を羽織り、パレードに出る。

けれど、王様を迎えた群衆にも、その衣は見えず、王様はどう見ても裸なのだった。誰もが恐れて、そのことを口にできずにいるところに、純真な子どもが「王様は裸だ」と指摘して、それが露見してしまうというお話。


高校生だった息子と、その話になったことがある。

私が、「裸の王様は、本当に裸だったのかなぁ。愚か者には見えない布が本当にあって、国民すべてが愚か者だったのかもしれないよね」というと、「だとしても、王様は愚かだよ。国民の愚かさを見抜けなかったということだからね。為政者としては、失格だ」と息子。

あーたしかに、と、私が感心していると、彼は、こう言い添えた。

「あの話さぁ、王様の裸を指摘した子どもが、それを口にしたとたんに、王様の衣が見えた、という結末にしたら、オシャレなのにね」

為政者の愚をいさめた子が、その行為によって賢者の域に入り、衣が見える。お芝居だったら、その最後のシーンで、いままでの世界観をひっくり返すことができる。もしかしたら王様は、最初からそのことを知っていて、賢者を発掘しようとして街に出たのかも、とまで想像の翼を広げられる。

私は、息子の発想に舌を巻いた。私たち母子は、こうやって、ものの見え方(見方というより、見え方である)をひっくり返す遊びを、昔からずっとやってきたのだが、このときの「かなわなさ」は圧倒的だった。子どもに将棋を教えて、その子が自分より圧倒的に強くなったときって、こんな感じなのだろうか。

キリギリスは、アリより働いていないのか

そんなわけで、「見え方のひっくり返し」を、親子の会話の一つにしてみたらどうだろう。子どもの発想力を育てるにはぴったりだ。

たとえば、私は、『アリとキリギリス』という話が大嫌いである。

勤勉なアリが、夏中働いている間、キリギリスは音楽を奏でて遊んでいた。やがて冬になり、住むところもなく、食べるものもないキリギリスが、アリに施しを乞うと、アリは

「働かないのは罪」と断じ、見捨ててしまう。そんなやるせない話だからだ。

息子にその絵本を読んでやる羽目になったとき、私はムカついてしまった。「アリもさぁ、キリギリスの音楽のおかげで、気持ちよく働けたんじゃん。その恩恵が見えないなんて、センスないよね。キリギリスも、見えないものの対価をどう手にするかについて、考えなしだし。この話、人生の何に役に立つの？」

幼い息子は、冷静に「ちゃんと働かないと食べていけない、ってことでしょ。保育園の先生がそう言ってたもん」と教えてくれた。

「だからー、何をもって、仕事と言うかがズレてるわけ。キリギリスは、音楽を提供するっていう仕事をしてるじゃん」と私。

とまぁ、そんなふうに、私たちはずっとやってきたのである。

皮肉な人は多くのチャンスを失っている

ただし、ものの見え方のひっくり返しで、気をつけたほうがいいことがある。

「あの人、ああ言っているけど、本当のところは……」「ダメだと思っていたのよ、だって……」のような、皮肉な「ひっくり返し」は、家庭から、いや、人生から消したほうがいい。

皮肉と卑屈は必ずセットでやってくる。なぜなら、「自分がすることを、他人がしないはずがない」と脳は思っているからだ。皮肉を言う人は、他人が自分を皮肉ることを想像しながら生きていくことになる。

ちょっとしたことで他人を嘲《あざけ》っていると、世間が怖くなって無邪気に前に出られなくなる。大事なプレゼンで緊張する、差し伸べられた手を素直に握れない……。それが、どれだけのチャンスを奪うことになるか。

人生は、無邪気なほうがうまくいく。

私が、企業人時代に開発チームのリーダーだったときのこと。ひどく相性の悪い部下がいて、意思の疎通がうまくいかない。感性研究のチームなので、感性が相容れないのでは、いかんともしがたい。私は、彼に「部署異動」を志願してもらいたいと願って、少々厳しく接していた。

ある日、遅くまで残業していて、気づくとフロアに2人きりだった。2人で電気を消して、エレベータに乗った。すると、21階から1階までのエレベータの中で、彼がふと思いついたように、こう言ったのである。「いつも、自分に期待してくれて、ありがとうございます。いろいろ、教えてもらって」

私は、泣きそうになって、下を向いた。以来、このまっすぐな気持ちを尊いと思い、彼を厭う気持ちはなくなった。ただ、結果から言うと、大切な人材だからこそ、私の下に置いていては育たないと思って、袂《たもと》を分かつことになったけれど。

無邪気さは強い。悪意さえも学びに変え、自分への応援に変えてしまう力があるのだ。

他人の真意を測らなくても生きていける

「皮肉なひっくり返し」の癖は、多くは親からもらう。

親がしなければ、自然に、子どももしなくなる。だから、しないように心掛ける。それは、私の子育ての方針の一つだった。息子を、無邪気さで包んで、将来を生きやすくさせるために。

「他人の真意を測ること」を教えないと、子どもがバカを見るのでは、と思う？

たしかに、笑顔で嘘を言う人がいる。「素敵ですね」と言いながら、ちっともそう思っていない人もいる。それどころか、陰で悪口を言う人もいる。だけど、それって、気にするほどのこと？

ダンス仲間に、「あの人、あなたにいい顔してるけど、安物のドレスを着てるって、笑ってたわよ。聞かれても、ドレスの値段を口にしないほうがいい」と忠告されたことがあった。

その人は、セレブなので、私のドレスは確かにびっくりするほど安物だったのだろう。その正直な感想を、私は、悪口だとも思ってないし、彼女に1ミリも失望していない。安物のドレスでパーティーに来ないでくれと言われない以上、何の弊害もないから。

そもそも私は、人が、自分のことを好いていようと嫌っていようと、いっこうに気にならない。私がその人を好きなら、それでいい。仕事仲間なら、情報伝達ができて成果が出せれば十分。だったら、最初から、悪意を疑わないほうが、効率がいい。

実は、ドレスの値段どころか、息子が他人にどう言われようと、およめちゃんがどう言われようと、私の心には、まったく一つの波も立たない。

他人に自慢できるような学歴やスペックを望んだこともないし、ことさら行儀良くしてほしいと思ったこともない。レディ・ファーストができないとか、魚がきれいに食べられないのは、私自身ががっかりするので、ちゃんとしてほしいけど。

世間の反応を私がまったく意に介さないことは、母親として、子どもたちにしてあげられる、とびっきりの甘やかしであると思っている。

無邪気さの繭

あるとき、電車に乗ったら、向かいに、知的障害のある青年と、その母親と思しき素敵な女性の2人が座っていた。

青年は、電車が好きなのか、はしゃいで嬉しそう。母親は、彼に寄り添って座り、落ち着いて、本を読んでいた。艶《つや》やかな髪が印象的で、美しいシルエットのワンピースを着ていらした。

青年が、はしゃいで、幼子のように「うおぅ」と声を上げても、母親はおっとりと「そうねぇ」とか「よかったわね」と応えている。昼下がりの、人がまばらな中央線である。乗り合わせた人たちも、親子の楽しげなやり取りに、柔和な顔をしている。

息子を、他人がどう見るか。そんなことから、とっくの昔に自由になった母親の強さと、その佇まいの美しさに胸を打たれた。


美しい母親が、おっとりと嬉しそうに寄り添っていてくれる。世間の目を気にして、ビビらない。イラついたり、自慢したり、卑下したり、威嚇したりしない。ただ、行く道を見守ってくれる。

それは、子どもを「無邪気さの繭《まゆ》」で包み込む、母の魔法なのだろう。すべての子にとって、そういう母は理想なのではないだろうか。

なのに、よくできた子を持つと、かえって、世間体を気にすることから脱却できない。褒められ始めると、つい「いい子」を目指してしまいたくなる。それでは、「無邪気さの繭」を、子どもにあげそびれてしまう気がする。

「理想からの引き算」が家族を追い詰める

先日、母親に「この子、本当にいい子で」と言われ続けた〝自慢のお嬢さん〟が、メンタルダウンして治療に入った。傍で見ていて、つらかろうとずっと案じていたが、家庭の外からできることは限られている。

子育て雑誌で、「褒めて育てる」というキーワードを時々見るけど、「いい子」も「ダメな子」と同じくらい危ない。どちらも、世間体を気にして言うことばだからだ。

「素敵ね」「ありがとう」「嬉しい」「いいね、それ」「なんだ、それ」「カッコ悪いよ」「こっちのほうがいいのでは」は、親自身が子どもに与える主観的な評価だ。一方、「いい子」「偉い子」「ダメな子」「悪い子」は、評価に世間に向けての顕示欲がぶら下がっている。「褒めて育てる」もいいけれど、そこは、ちゃんと区別したほうがいい。

他人目線を家庭に持ち込むと、家族は、間違いなく「イラつく家族」になってしまう。

目指す先に「理想形」があるからだ。そこからの引き算で子どもを見ることになるから、常に欠点が目について、イライラして暮らすことになる。

母親自身が、自分に「掃除も料理もスマートにこなし、社会でも活躍して、目じりの皺《しわ》もシミもほうれい線もない、ボンキュッボンの私」という理想形を課してしまうのも問題。第1章で書いたように、脳にオール5はないから、「理想からの引き算」思考だと、何かとがっかりしてイライラしながら生きることになる。

向上心のある母親ほど、このダブル・ストレスにはまり込んでいる。母の理想形と、子の理想形。そこからの引き算が、家族を追い詰める。

世間の厳しさは物語で教える

それにしても、人はなぜ、誰かと相対したとき、勝ったり、負けたりを感じるのだろう。

あるとき、ほっそりした女性が、私のウエストを見ながら、「うちの夫は、ウエスト65センチ以上の女は、女じゃないと言ってるの」と言った。私は、「あら、よかった。あなたの夫に女だと思われるのは穏便じゃないもの」と頭に浮かんだことを素直に言ったら、

「あ〜、そうね」と苦笑いしていた。

あのとき、彼女は、私にウエストで勝ったと言いたかったのだろうか。では、私が、彼女のバストを見ながら、「うちの夫は、バストDカップ以下の女は、女じゃないと言ってるわ」（このセリフはフィクションです）と言えば、私は、1勝1敗に持ち込めたのか？　だけど、この勝負って、何の勝負？

うちの息子なんて、ヒップ100センチ越えの、パーンと張ったお尻のおよめちゃんにすっかり惚れ込み、ご飯を食べた後の、お腹がぷっくり出たときが可愛くてたまらない、と公言している。そのへんのスレンダーな美女なんて、彼の目には留まらない。

そもそも、個人の好みなんて、そんなものでしょ。それぞれの人生を生きているのに、なぜ、スペックに格付けをするの？

子どもの勉強だって、同じようなものだ。

中学校3年生で、偏差値60と50の子がいたら、すでに勝負がついたような感じがしてしまうけれど、将来、60の子が、50の子より絶対的・圧倒的に稼いで暮らすことができる保証はない。早期教育でうまく詰め込んだ脳より、マイペースに勉強した脳のほうが、将来ビジネスの現場でタフに活躍したりもする。

それに、仮に、偏差値で稼ぎ高が約束されることがあったとしても、お金が人生の充足感と比例しているわけじゃない。理想形なんて、先に決める必要はないのだ。

家族に、「世間」を持ち込まない。

日頃から、他人の闇を探らない、皮肉な口を利かない。「いい子」「ダメな子」を口にしない。すべての家族におすすめしたい、甘やかしの基本ルールである。

外に出れば、どうしたって、世間の風は冷たく子どもに突き刺さる。わざわざ、それに先んじて、家庭できつい思いをさせなくてもいいのでは？

ただし、子どもをぬくぬくさせる以上、世間知らずにしてしまわないために、物語にはたくさん触れさせないといけない。

本でも漫画でも映画でもドラマでも、物語の中で、たくさんの主人公が、たくさんの失敗をしてくれている。冒険ファンタジーを何冊か読めば、世間の厳しさがちゃんとわかる。

夫婦仲も、案外、物語と共に、がいいかもしれない。

常々「夫が優しくない」と嘆いていた友人が、「一緒に『愛の不時着』を観たら、夫が優しくなった」と歓びのメールをくれた。

年上の実業家の妻と、年下の職人の夫というご夫婦で、夫は何かと強がってクールに振る舞う傾向があった。『愛の不時着』を見ていて、女性に優しくすることのカッコよさを知り、その方法も学んだのだろう。

なぜ愛が上手く伝わらないのか

1970年代に、『大草原の小さな家』というアメリカのテレビドラマがあった。西部開拓時代のアメリカを舞台に繰り広げられる、開拓者一家の日々の話である。

一家の子どもたちが大人になるまでの、放送期間8年にも及ぶ長いドラマだが、私には忘れられない一話がある。

主人公のローラには、美しくエレガントな姉がいる。思春期を迎えて、ますます輝きを増す姉に、自分が密かに心を寄せる男の子がぽうっとなっているのを見たローラは、姉のような女の子を目指すようになる。

女らしい振る舞いをしたり、胸に詰め物をして、姉のドレスを着てみたりするローラを、しばらく見守っていた母親が、ある日、ローラを諭すのである。「あなたが、あなたじゃない人のふりをしていたら、あなただけを愛する人は、どうやってあなたを見つけたらいいの？」

姉の真似をしても、ちっともうまく行かずに落ち込んでいたローラが、このセリフで自分を取り戻し、彼女らしい素敵な少女になっていく。お転婆《てんば》でおちゃめな彼女は、姉とはまた違った意味で、人々を魅了しだすのである。


このエピソードは、思春期の私の心に刺さった。それ以降、自分を卑下することをやめた。人に何か言われても動じないことの原点は、案外ここにあるのかもしれない。

『大草原の小さな家』だけではない。少女向けの物語のほぼすべてが、同じことを繰り返し繰り返し、教えてくれる。あなたが、あなたらしく生きれば、扉は必ず開く、と。

『赤毛のアン』や、『魔法使いハウルと火の悪魔』(『ハウルの動く城』として映画化)をはじめとするダイアナ・ウィン・ジョーンズの一連のファンタジーは、その王道。自分を卑下しがちな女の子には、成果主義の冒険ファンタジーのほかに、「愛とは何か」を教えてくれる物語が要る。

「いい子だから」「成績がいいから」「お行儀がいいから」、親は子を愛するわけじゃない。あなたが、あなただから愛おしい。

「優しくしてくれるから」「料理が上手いから」「お金を入れてくれるから」、子は親を愛するわけじゃない。親だから、ただ慕うのである。

なのに、なぜ、それが互いにうまく伝わらないんだろう。

第1章でも述べたけど、やはり、「よかれと思って」が、話をややこしくしている気がする。

そのことばを言わせるのは、向上心と正義感である。その「真面目さ」が、家族関係をとげとげしくしてしまう。そこには、これっぽっちの悪気もない。愛があるだけだ。だから、本書で述べるようなルールが必要なのである。

ルール　その2　失敗は責めなくていい

次のルールに行こう。

失敗は、防がなくていいし、責めなくていい。それがなぜかは、前章に詳しく書いたので、このルールについては、アクションだけを述べよう。

家族の失敗は、叱責しないで反対に甘やかすのである。一緒に心の傷を痛がって、家族全員でカバーするのだ。

失敗した人をあえて甘やかす

たとえば、我が家には、失敗した人は、その後の片づけをしなくていい、という暗黙のルールがある。

コップを割った人は、「大丈夫？」「けがはない？」と言われて、抱きしめてもらえる。片づけは、他の家族がやる。まぁ、そうは言いながら、本人が片づけることも多いけれども、片づけなくても許されると知っているだけで、勇気が出る。

なくしものは、家族全員で捜索する。リカバーが必要なことは、家族全員で善後策を考える。誰かが悲しい思いをしたときには、おしくらまんじゅうのように押し寄せて、二重三重にハグして、なぐさめる。

だから、1人でコップを割ってしまったときや、1人で悩むときは、寂しくてしかたない。ここに家族がいて欲しいと切に思う。

失敗したら、叱られる。皮肉を言われる。

主婦だからといって、家事に完璧を要求されるなんて、たまったものではない。「家事が完璧に出来たら、働きに出てもいい」なんて言う夫？

そんな家族を、かけがえがないと思える自信は、私にはない。

失敗したら、全力で心を寄せて、全力でリカバーし合う。そんな家族だったら、誰だって欲しいでしょう?

叱られると、かえって罪の意識が残らない

前章でも述べたが、失敗した人には、「私も、○○すればよかった」と声をかけるのもおすすめだ。

「そうだ、今日、プール開きだったんだ! 水着出して」と、登校5分前に言い出した息子に、「なんでもっと早く言わないの!」と叱っても、今さら埒《らち》があかない。だったら、押入れの3段ボックスをひっくり返す前に、「ママも、そろそろだと気づいとけばよかった。ごめんね」と声をかけたらいい。

そのことばが脳の深層に沈んで、翌年以降、自分自身の潜在意識が事前に「そろそろ、プール開きでは?」と気づかせてくれるかもしれない。

息子は息子で、叱られたときより、母親のがっかりした顔と「ごめんね」のほうが身に染みる。ヒトの脳は面白いもので、叱られてあやまると、それで罪の意識が償還されて一件落着となり、案外、心に残らない。叱られ慣れていると、なおさらだ。

私自身、心当たりがある。

息子が中学3年のある日のこと。受験に関する大事な書類を、私がなくしてしまった。受験生の親として、ありえない失態である。あちこちひっくり返して、途方に暮れていると、息子が、穏やかな声で、こう言った。「あのとき、ハハは、出張前でバタバタしていたよね。落ち着いたときに渡してあげればよかった」

その瞬間のことが、14年経った今でも忘れられないのだ。大きな羽の下に、ふんわり包まれたような気持ちになった、人生でも指折りの「幸せな瞬間」だった。息子に迷惑をかけておいて、そんなことを言うのもなんだけれど。

当然叱るシーンで、甘やかす。これぞ脳への学習効果を100倍にする技なのである。

因果応報を逆手に取る

そういえば、先日、出勤前でバタバタしているおよめちゃんに、つい用事を頼んだら、彼女がそれを上手く遂行できなかった。

我が家のおよめちゃんは、責任感の強いしっかり者で、万事、抜かりがない。そのため、本人がひどく落ち込んで、しょげかえってしまった。

私は、14年前の息子のことばを思い出しながら、「出勤前のバタバタしているときに、ついでの用事なんか頼むお母さんが100%悪い。ごめんね」とあやまった。

考えてみれば、息子の甘やかしは、時を超えて、彼自身の愛するひとを慰撫《いぶ》している。家族の「甘やかし」は、寄せては返す波のように、繰り返される。同じように、家族の「威嚇」も、寄せては返す波のように、繰り返される。これが、因果応報ということかしら。

ならば、「してもらって嬉しい」ことを、人生の様々な局面でやっておけばいいということなのだろう。「しでかしたことの報いを受ける」のが世の道理なら、「嬉しいことをしでかしておけばいい」というわけ。

そう考えると、かけがえのない家族を手に入れるのは、難しいことじゃないでしょう?

ルール その3　5W1H系の質問をぶつけない

あるとき、8歳の男の子を持つ女性から、相談を受けた。

息子とうまく対話ができない、と、その方は切り出した。「息子は私よりパパのほうが好きで、私なんていなくてもいいみたいなんです」と涙ぐみ、うつむいてしまった。

若くてきれいな、お姉さんのようなママ。8歳といえば、母親と話したい盛りなのに、どうして？　と疑問に思った私は、「学校から帰ってきた息子さんに、なんて言って、話しかけてます？　たとえば、昨日は？」と尋ねた。

すると、「学校どうだった？　早く宿題しなさい。そうそう、○○くんともう遊んでいないわよね？」だと言う。

私は、しばし、絶句してしまった。

「学校どう？　早く宿題しなさい」なんて、家に帰ってきた夫が、「今日、なにしてた？　早く、めし作れ」と言っているのと、まったく同じ構造である。話が弾むわけがない。

しかも、友だちを親が取捨選択するなんて……。まぁ、そのことは、多くの人がNGだと感じるだろうし、ここでは言及しない。

問題は「学校どう？　早く宿題しなさい」のほうである。これって、ついつい言ってしまいがちだけど、相手の脳からことばを失わせる、必殺の対話クラッシャー（潰し）なのである。

いきなりの5W1Hは、対話クラッシャーである

5W1H系の質問を、いきなり、家族にぶつけてはいけないのだ。

5W1H系の質問とは、Who（だれが）、When（いつ）、Where（どこで）、What（なにを）、Why（なぜ）、How（どのように）で始まる質問のこと。

「それ、何？」「今日、何してた？」「学校、どう？」「なぜ、これをやらない？」「どこに行くんだ？」「何時に帰る？」「いつ、買ったの？」「なんで、ここに置くの？」……。心当たりありませんか？　まさか、家族との対話を、5W1H系の質問と、指図と説教だけで進めていないですよね？

いきなりの5W1Hは、家族の気持ちを尖らせる合図、格闘技のゴングのようなものである。相手は攻撃されたと感じて、脳が迎撃態勢に入るからだ。

ただし、「ソースの買い置きはどこ?」「おばあちゃんの法事っていつだっけ?」のような、質問者本人のアクションに直結する質問は、その限りではない。ここで言っているのは、相手の行動を問い質すかのような5W1Hのことである。

たとえば、娘が、スマホのアプリに夢中になっている。父親が、覗き込むように「それ、何?」と尋ねる。娘は、うんざりした顔で、電源を切って、席を立ってしまう。思春期の父と子に、よくあるシーンである。

父が娘にしてはいけない質問

多くの場合、父親は、娘とコミュニケーションを取ろうとして、それを言っている。つまり、「(夢中だね、)それ、何?」と尋ねたのだ。

お絵描きに夢中な5歳の娘に、「それ、何?」と聞いた日のように。娘が、「ウエディングドレス〜、ののちゃんの。ののちゃんね、パパのお嫁さんになるんだ〜」なんて答えてくれた、あのときの甘やかな思い出をもう一度、という感じで。

ところが、思春期の娘には、「勉強もしないで、何、くだらないことしてるんだ？」と聞こえてしまっているのである。

実は、家族をイラつかせる原因の多くが、この対話のすれ違いから生じている。


ちなみに、思春期の娘には、父親を嫌う、生物学上の理由がある。父親が臭くて、厭わしいのだ。

動物は、相手の体臭から、遺伝子情報を感知して、つがう相手を判定している。そうして、免疫に係わるＨＬＡ遺伝子の型が一致しない相手にだけ発情する。よく似た遺伝子同士で生殖しないための仕組みである。

女の子は、父親から受け継いだＨＬＡ遺伝子を使って、異性のありなしをジャッジする。自分の遺伝子と、遠く離れていて一致しない相手を見つけるために。つまり、父親は、この世で一番「あり得ない男子」なのだ。

当然、それでいいわけだが、幼い頃から「パパのお嫁さんになる〜」なんて言っていた娘にしてみれば、10代になって、この「異性センサー」のスイッチが入った途端に、「父親があまりにもありえなくて、びっくりする」ことになるわけ。

父親はビビらなくていい。やがて、外の男性に惚れて、「父親は、そもそも恋人対象じゃない」と脳が納得すれば、優しい家族に戻ってくれる。

しかし、娘と父親のコミュニケーションには、さまざまな秘密とコツがある。この本では書ききれないので、よかったら既刊『娘のトリセツ』を併せてご一読ください（父と娘の間には、「家族」ということばではくくり切れない特殊さがあって、『家族のトリセツ』だけでは解決できないこともあることをご了承ください）。

夫が妻にしてはいけない質問

出かける妻に、「どこに行くんだ？」「何時に帰る？」といきなり声をかけるのも、ちょっと待ってほしい。

この質問、「夫の定年退職後、専業主婦の妻の心拍数が跳ね上がる質問のツートップ」

と言われているのだ。ウィズコロナの時代、これは定年夫婦だけの問題ではない。

専業主婦の妻の側に、主婦は家にいるものという思い込みがあって、出かけることが後ろめたいのである。なので、責められているように感じる。

先日も、ある人生相談で、「コロナ自粛で、夫が家で仕事をしているので、美容院にも行けず、白髪が目立って悲しい。こんな状態、いつまで続くのでしょう」という質問があって、「美容院に行ってくるね～、と明るく家を出ればいいだけでは?」と、答えたことがある。「残念ながら、リモートワークは時代の必然なので、コロナ禍が落ち着いても、この状況は変わらない。なによりも、自分の後ろめたさを捨てなくては」と。

夫が家にいて仕事をしていたら、お茶も煎れてあげないといけないし、宅配便のピンポンからも守ってあげなきゃ、なんて考えていたら、追い詰められる一方だ。ここは、無邪気に家を出ればいい。

夫のことばに威嚇されたと感じて、心に負担をかけたり、イライラしたりするより、妻が無邪気にしていてくれたほうが、たぶん夫も助かる。

というわけで、「どこに行くんだ？」「いつ、帰る？」は、優秀な専業主婦ほど、威嚇と感じて、心拍数が跳ね上がる。

当然、留守番する側としては、この質問の答えを知りたいわけだけれど、これを言う前に、「キレイだね。出かけるの」とか何とか、アイスブレイクのことばをかけてあげてほしい。威嚇してるわけじゃないんだよ、と知らせる大事なワンクッションである。

それが難しかったら、「いってらっしゃい」と笑顔で送り出して、ほどよきところで「何時に帰る？　お米、研いでおこうか？」などとメールをしたらいい。

リモート時代の家族たち

在宅ワーカーの夫をサポートするために、家を出にくいと感じる方のために、近未来を少し、想像してみよう。

私は、インターホンに「在宅だけど、リモート会議中なので、出られない」というモード設定が、絶対に必要だと思っているし、ほどなくそうなると思う。

あるいは、宅配便会社のＩｏＴボタンから、それを知らせることが可能になるはずである。たとえば、クロネコヤマトのＩｏＴボタンが、各家庭に設置してあって、「リモート会議中」ボタンを押せば、それがドライバーに知らされ、解除されるまでは、チャイムを鳴らさずに宅配ボックスに入れたり、配達を後回しにしてくれたりするようなサービスである。

また、ランチ問題も、ほどなく解消されるだろう。在宅ワーカーのランチのニーズは、今や、レストランが不調の外食産業にとっては、大きなビジネスチャンス。そろそろ、在宅ワーカーのための、ランチ販売カーが住宅地を回り始めてもいい。

さらに、今後、随所にリモートワークセンターが建てられるのは間違いない。個人用ワークブースの集積センターで、保育所の併設も当たり前になるだろう。これを利用できれば、家族ストレスを引き起こすこともなく、通勤電車に乗る必要もなく、企業内クラスター感染も起こらない。

私は、リモートワークセンターとショッピングモールが合体した商業施設が、やがて、地域開発の核になると信じている。ここ１００年ほど、鉄道の駅が地域開発の核になってきた。その「永遠と思われた都市構造」が変わろうとしている。

今現在、テレビでは、不動産企業による「価値が変わらないのは愛じゃない、〝駅近の土地〟」というコマーシャルが流れているけれど、本当にそうかしら？

すでに、外資系や都市型大企業に勤める人たちが、郊外に「一部屋多い家」を探し始めている。週に1回も出勤しないのなら、無理して、通勤圏内に住んでいる必要がないからだ。

リモートワークセンターに自転車で通える、ゆったりしたガレージ付きの一戸建て、という新しい選択が、「都心に近いマンション」に取って代われば、家族は今よりずっと豊かに暮らせる。


そう想像していくと、今は、時代のパラダイムシフトの真っ只中にいて、家族ストレスが、瞬間的に増大しているのがわかる。

主婦は、やがて今よりも、ずっと自由になれるはず。それまでは、気をたしかに保って、自分で自分を縛らず、夫に無駄にムカつかないようにしなければ。

一過性のストレスに耐えられなくて、家族の心が離散してしまったり、子どもの虐待が発生してしまったりするのは、あまりにも惜しい気がする。

ことばの威嚇効果をなめてはいけない

5W1Hに話を戻す。威嚇する気がなくても、威嚇したように聞こえる5W1Hなのだから、当然、不満をぶつける気で言ったのなら、威嚇効果は倍増する。

汚れたコップを持ち上げて、「これ、誰が使ったコップ？」とか、「なぜ、やらない？」「どうして、○○できないの？」「だから、言ったじゃないの。なんで、言うことをきかないの？」とか。

言いたい気持ちは、わからないでもないけれど、それを言ったからといって、素直に反省して、優しいことばを返してくれる家族がこの世にいるだろうか。

そもそも、この「誰」「なぜ」「どうして」「なんで」に、本当に答えてほしいわけ？素直に答えを言われたとしても（「あー、おれおれ」「私だけど？」とか「悪いけど、忘れちゃうんだ」「めんどくさいんだもん」「そりゃ、やりたくないでしょうよ」とか）、きっと腹が立つだけ。

答えが欲しくもない5W1Hは、すべて威嚇（マウンティング）であり、相手もそれがわかるから、頑なになる。

だとしたら、言うだけ損である。ただただ、家族の中にイライラの種をまいただけのことになってしまう。

「どうして？」を「どうしたの？」に変えよう

こんなときは、「どうして、やらないの（できないの）？」の代わりに、「大丈夫？　どうしたの？」を使うといい。

「どうして、宿題やらないの？」ではなくて、「大丈夫？　最近はよく宿題を忘れてるけど、どうしたの？」と尋ねるのだ。

「急な残業が入ったら、連絡してねって言ってるでしょ？　なぜ、できないの⁉」ではなく、「連絡もできないなんて、あなた、大丈夫？」と気遣ってあげればいい。男性なら、「なぜ、やらない？」の代わりに、「大丈夫か？」と短く、気遣ってもいい。

「どうして?」と「どうしたの?」は、英語ならWhy?とWhat's happened?(What is the matter?)の違いである。つまり、前者は、本人に真意を問い質し、後者は、外因を尋ねている。

「どうして、宿題しないの?」に、「忘れちゃうんだよ」と返されたら腹が立つが、「大丈夫? どうしちゃったの?」に「忘れちゃうんだよ」と返されたら、「忘れないようにするには、どうしたらいいだろう」という対話に持ち込める。

家族の怠惰を、本人の心根の問題として、心を入れ替えさせようと威嚇してもナンセンスだ。威嚇なんかで、人の心なんて入れ替わるわけがない。そんなことは、自分に置き換えてみたらわかる。

たしかに、「威嚇されるのが嫌なあまりに、ちゃんとやるようになる」という効果は否定できない。だけど、言うほうにも、言われるほうも不快感が残り、家族関係は尖るばかりだ。

一方で、家族の怠惰を、外的要因のせいにして、何とか工夫ができないか策を考えれば、一歩前に進める。そして、家族間の信頼関係が築かれる。

「どうして？」と「どうしたの？」。わずかに違う語尾が、家族の明暗を分ける。たかがことば、されどことばである。

「心の対話」と「問題解決の対話」

対話には、2種類ある。それは「心の対話」と「問題解決の対話」である。

「心の対話」は、「共感」で進められ、「納得」と「気づき」で着地する。「問題解決の対話」は、「スペック確認」で始まり、「問題点の指摘」をしあって、「解決」で着地する。

家族の対話は、基本、「心の対話」で始めるのがセオリーだ。

問題解決をするときでも、最初は共感から入る必要がある。「きみもこうするべきだった」「相手の言い分も一理ある」を伝えるときも、「あなたの気持ち、よくわかる」「きみは、本当によくやったと思う」と受け止めてからのほうがいい。

なぜなら、家族の第1ミッションは、「安心感を与えること」だからだ。安心させて、ストレスを軽減し、脳を最大限に活性化してあげること。そのうえで「問題解決」してやれば、「脳の深層」=「心」に届く知見が生まれる。

なのに、今の日本の家庭では、家族の対話が「なに、どこ、いつ、だれ、なぜ、どのように」の威嚇で始まったり、いきなり「問題点や欠点の指摘」をしたりすることが多い。つまり、問題解決型に偏っているのである。

理由は、日本の子育てが、「ゴール設定」に満ちているからだ。ご飯をさっさと食べさせて、宿題をやらせて、風呂に入れて、翌朝、無事に送り出すという短期目標。試験に合格させるという中期目標。立派な大人にするという長期目標。いくつもの目標が、私たち母親の前に立ちはだかる。かくして、「宿題やったの?」「学校どう?」「どうして、プリント出さないの!」という、問題解決型の対話だけで、日々が過ぎ去り、いつの間にか子どもは大きくなって、家を出てしまう。

これが、実は大問題なのだ。大人になった子どもと、楽しい会話ができない。その子がやがて築く家庭もまた、問題解決型に偏ってしまう。

あなたが、もし、そういう母親に育てられたのなら、その負の連鎖をここで止めないといけない。

「心の対話」の始め方

ここまでの話をまとめよう。

対話を問題解決型に持ち込み、話者の気持ちを戦闘態勢にしてしまう、「いきなりの5W1H」は、家庭内では使用禁止だ。

ただし、「ケチャップはどこ?」「授業参観、いつだっけ?」のような、質問者本人のアクションに直結する質問と、「どうして?」の代わりに用いられる「どうしたの? 大丈夫?」はその限りではない。

そして、緊急時以外のすべての対話を、「心の対話」から入るよう心がけること。

心の対話は、「相手のことを尋ねる」のではなく「こちらの話」から始める。私は、「話の呼び水」と呼んでいる。

井戸の水が上がらないときに、ポンプにバケツ1杯の水を注いで、「呼び水」をする。あれと同じ。「自分が感じたこと」「自分に起こったこと」をちょっと話す。すると、相手のことばが溢れてくる。それを楽しむのが、コミュニケーションである。

私は、保育園に通っていた頃の息子にも、「今日、会社でこんなこと言われてさ。確かに正論だけど、なんだか、もやもやするのよ」なんていうふうに、自分の身に起きた出来事を「話の呼び水」にして躊躇せず話しかけていた。「せいろんって何？」と聞かれて、そちらに応えることもあるが、たいていは、小さいながらに頭を絞ってくれる。「おいらも、保育園で、こういうことがあったんだ」なんて。

心の対話は、私の日常を臨場感たっぷりに彼に伝え、彼もお返しにいろいろ話してくれたし、励まし合ったりもできた。それは、彼が29歳になった今も続いている。

「話の呼び水」を使えば、家族は、きっといつまでも仲良くしていられる。

相手の変化をことばにするテクニック

「話の呼び水」には、3種類ある。「相手の変化に気づいて、ことばにする」「自分に起こった出来事を話す」「相談する」である。

その最初の「相手の変化に気づいて、ことばにする」には、以下の四つのテクニックがある。

1、褒める

相手のポジティブな変化を察知したら、「髪型、変えた？」「なんか、嬉しそうだね」「そのスマホケース、カワイイね」などと褒める。

2、気遣う

相手のネガティブな変化を察知したら、「元気ないね、大丈夫？」「それ、僕がやろうか？」と気遣う。このとき、ポジティブ変化と違って、「目の下にクマがあるね」「髪がばさばさだね」というような具体的なことは指摘してはいけない。

3、ねぎらう

相手の状況に気づくのも大事だ。寒い中を歩いてきた相手に「寒かったでしょう？」、買い物から帰ってきた妻に「重かったよね」などと言ってねぎらう。

4、感謝する

そして、相手が自分のためにしてくれたことを察知して、ことばにする。「あ、僕の好きなナスのカレーだね」「シーツ換えてくれたんだ」「宅配便、受け取ってくれてありがとう」のように。

注意事項が一つだけある。

思春期の子どもたちは、主に生殖ホルモンの影響で、「かまってほしくない」気分がピークに達している。そのため、「変化に気づかれるのも、勘弁してほしい」事態なのである。

思春期の子どもに、この4テクニックを使ったとき、なんとなくギクシャクしたら深追いをしないほうがいい。その場合は、残る二つのテクニックを推奨する。

話のオチはなくていい

「話の呼び水」の二つ目は、自分のことを話す、である。

自分に起こった、なんでもない出来事をプレゼントする。それが呼び水となって、相手が自分の出来事を語り、心の対話が紡がれていく。

本当に何でもないことでいい。


「あそこの土手の桜、もう蕾《つぼみ》が膨らんでいたよ」

「今日は久しぶりにすごい雨だったね」

「今読んでいる時代小説に出てくる料理がおいしそうでさ」

「お昼に麻婆豆腐食べたら、辛くてさぁ。まだ、舌がしびれている気がする」

「このＣＭの曲、若いときにめちゃくちゃ流行《はや》ったんだよ」


そのとき頭に浮かんだことを言えばいいのである。オチなんか要らない。オチてしまったら、自己完結して、「へぇ」と言われておしまいである。宙に浮いてしまう話だからこそ、相手のことばを誘発するのだ。

心をつなぐための奥義

中でも、特に「とほほ」な出来事は、極上の絆を作ることがある。つまり、弱音を吐くのである。

私は、タクシーが道を間違えてぐるぐる回ったとか、頼んだものと違うものが届いたとか、日常の小さな不幸は、いい「話の呼び水」になるので、経験するとむしろちょっと嬉しくなることさえある。

先日、ある男性に相談を受けた。

――我が家には、2歳、7歳、13歳の3人の子どもがいる。妻は専業主婦で、ママ友が多いタイプじゃないから、毎日家に帰ったら話を聞いてあげることを心がけている。ところが、妻はちっとも会話に乗ってこない。それどころか、あからさまにウザがられたあげく、「一番下の子が18歳になったら離婚する。その日だけを楽しみにしてる」と言われた。僕の努力は、意味がないのでしょうか。

毎日、どうやって対話を始めているのかと尋ねたら、「今日何してたの?」だそうだ。

なんと、禁忌の5W1Hである！

子育てと家事に奔走した一日の終わりに、こんなこと聞かれたら、どんなに絶望的な気分になることだろう。終わることのない育児と家事に追われた徒労の一日を、どうレポートすればいいわけ？

しかも、「今日何してたの？」は、非常に危険なセリフだ。やろうと思っていたことが、思うようにできなかった日には、「一日、家にいて、ぜんぜん片づいてないじゃないか。何をしていたんだ？」と聞こえてしまう。

かと言って、この場合はのほほんとした「話の呼び水」も、裏目に出ることが多い。心身共に過酷なまでに忙しい妻に、「今日はきれいだね」とか、「会社のビルの植え込みにタンポポが咲いてたよ」なんて言ったところで、「はぁ？」と返されるのがオチだ。

こんなときは、弱音を吐くしかない。「今日、部下に、こんなこと言われてさぁ。まいったよ」「電車でおばあさんに席譲ったら、そんな歳じゃありませんって睨《にら》まれちゃったよ」のように。

つまり、心をつなぐテクニックの奥義は、「弱音を吐いて、なぐさめてもらう」である。ただし、これはかなり高度なテクニックなので、次の、第3の手もどうぞ。

家事や家族問題から、脳をいったん切り離す

前章でも述べたが、脳は、インタラクティブ(相互作用)で活性化する。すなわち、「自分がすることに、相手が反応する」ことを欲しているのだ。人は、頼りにされてアドバイスし、そのアドバイスをありがたがってくれた相手に情が湧く。

脳の機能から言えば、親切にされた側の脳より、親切にした側の脳のほうに充足感がより多く残る。その充足感を、家族にあげよう。頼りにして、感謝しよう。

たとえば、「カレーの味、見てくれない？」「今日のお鍋、なに入れようか」「今度の母さんの誕生日だけど、どのお店を予約したらいいかな」「リモートミーティングには、どのアプリがいいだろう」「ここに本棚を置くなら、何色がいいと思う？」などと、ちょっと頼りにする。

その他、社会的事案について意見を聞くのもおすすめだ。「9月入学って、実現できるのかな?」「『愛の不時着』ブーム、どう思う?」みたいな、社会的事案を話題にする。

家事や家族問題から、脳をいったん切り離すことができて、意外に話が弾むことがある。

脳の「バランス感覚」を信じよう

最後に、「心の対話」に不可欠な「共感」について、補足しておこう。

妻「昨日、お義母《かあ》さんに、こんなこと言われたの。ちょっと落ち込んだ」

夫「母さんにも悪気はないんだから、気にするなよ」

妻「わかってるわよ」

夫「じゃあ、いちいち言うなよ」

妻「昨日、お義母さんに、こんなこと言われたの。ちょっと落ち込んだ」

夫「それって、傷つくよね。母さん、無神経だよな。ごめんね」

妻「いいのよ、あなたがわかってくれれば。お義母さんにだって、悪気がないのはわかってるし」

夫「優しいね。いつも、ありがとう」

この2種類の会話、どちらが正解か、当然、わかりますよね？

最初のような会話をしてしまうのだとしたら、今後、それをやめることだ。

家族の会話は、夫婦のみならず、親子でも、まずは相手の感情を受け止めることから始めよう。

たとえ、絶対的に妻や夫や子どもが悪くても、彼や彼女の「敵」を責めることから始める。公平で客観的な視点のアドバイスは、その後で。圧倒的に肩を持ってあげれば、なんと本人が公平になってしまうのである。

脳は、絶妙なバランス感覚を持っている。家族の脳を信じよう。

ルール その4　相手の〝時空〟に踏み込まない

さて、家族に「世間」を持ち込まず（ルールその1）、失敗を包みこみ（ルールその2）、心の対話を優先する（ルールその3）。この3ルールを遵守すれば、「かけがえのない家族」が出来上がる。長いことそう思ってきたのだが、ここへきて、もう一つ、ルールを追加する必要性が出てきた。

原因は、新型コロナウイルスの登場によって加速したリモートワークである。

この夏、東京では、ほぼ100％リモートワークという会社も珍しくなかった。わが社のある神田界隈には製薬会社が多く、企業イメージ上、社内クラスターを出すわけにはいかないのだろう。いくつものオフィスビルが、ひっそりと眠っている。しかし、業務は、ちゃんと動いているのである。

リモートワークでも、意外にやれる。これが、今のところ、世間の実感のようである。となると、今後、コロナ禍が沈静化しても、リモートワークは進むばかりだろう。

そんな中、新たな家族ストレスが勃発している。

自分の居場所がない苦しみ

主婦の方たちから、深刻な家族ストレスを聞かされることが増えた。

一日中、家族がいるので、気が休まらない。子どもに自室を与えた日から、自分の個室はなくなってしまった。夫婦の寝室は夫が仕事で使うため、リモートワークが始まった今、自分には居場所がない。やむなくリビングを居場所にしているけれど、家族が、入れ代わり立ち代わり、出入りするので、まったく気が休まらない、というのだ。

また、家にいる家族が、思いついたときに、五月雨《さみだれ》式に話しかけてくるので(「このお茶、飲んでいい?」「トイレットペーパー、なくなるよ」「今夜の夕飯、何?」)、作業に集中できないという。

この件については、男性からも、同様の悩みが寄せられている。

アイデアを考えている間は、パソコンを打っているわけでもなく、会議も電話もしていない。このため、妻からは「ただ、ぼうっとしている」と見えてしまうのか、「あなた、ちょっと、これやって」と声をかけられてしまうのだそうだ。

アイデアが霧散して、仕事の効率が落ちるのだが、そう申し立てても、妻は意に介してくれない。「ちょっと体を動かすくらい、頭の刺激になっていいんじゃない？」なんて言われて、マルチタスクに向かない男性脳は、一気に作業効率が落ちて、頭を抱えることになる。

空間だけではなく、時間も分ける

この新たなストレスに対しては、やはり工夫がいる。

家族の〝時空〟を、分けなければならない。空間だけではない、時間も、である。

たとえば、家族が用事を言い合っていい時間は、午前9時までと、午後3時から30分間と、午後5時以降と決める。

それ以外の時間に用事を思いついて、忘れたくなかったら、付箋紙にメモしてドアに貼ってもいいし、メールを使ってもいい。

私の場合は、およめちゃんが私の秘書なので、業務連絡を、ついプライベートタイムに思いついてしまうことがある。

そんなとき、私は、会社の秘書用アドレスにメールを打ち、家では、極力触れないようにしている。ごく初期に、息子に「いつか彼女が追い詰められちゃうから、そうしてほしい」と頼まれたからだが、このアイデアは、とてもよかったと思っている。

空間を分けても、用事が飛び交っていたら、脳は休めない。およめちゃんと、ピリピリした緊張関係になることを、私は1ミリも望まない。


24時間家にいる家族に、五月雨式に用事を言われると、主婦にとって、家族がとてつもないストレスになってしまう。

「専業主婦なんだから、それが仕事。しかたないだろう」という夫もいるようだが、会社員だって、のべつ幕無しに用事を言われるわけではない。集中して作業する時間も、休憩時間も配慮されているはずだ。

もちろん、同じ理由で、親から子への「勉強しなさい」や「説教」や「指図」も、いつでも言っていいわけではない。友人が、息子さんに「食事の時間を、説教の時間に変えないで」と注意されたと反省していた。たしかに、配慮が必要よね、と。

顔を見れば、つい言いたいことが頭に浮かんでしまう。それを、そのまま垂れ流しては、24時間一緒にいる家族はたまらない。

家族の、個々の時間に配慮すること。家族の〝時空〟を分けること。ウィズコロナ時代の家族の、新ルールに採択しよう。

イラつく家族になる前に

在宅勤務が増えるにつれ、夫婦の寝室が、夫の書斎を兼ねているために、昼間、妻の居場所がなくなってしまうケースについても、もう一言。

妻の居場所をリビングと決めたら、たとえば、午前10時から12時、午後1時から3時は、リビングと隣接したキッチンにも他の家族は立ち入らない、という配慮が必要である。家族は、飲み物を水筒に入れ、自室に向かうべきだ。

私の知人の家では、「母がリビングを占拠した」と言う。「今日からリビングは私の部屋だから、みんな、勝手に入らないで」と母親が宣言して、以降、ご飯もトレイに入れて、台所で渡され、それぞれ自室で食べるのだとか。

家族が一緒に食事をしないなんて、私には味気なくて、とうてい理解できないが、「個の空間」を必要としていて、そこまで追い詰められる人もいるということなのだろう。

家族だからこそ、配慮しないと、どこまでも相手の時間と空間を侵食してしまう。イラつく家族になる前に、踏みとどまらなければいけない。

終章　家族の中に「優しさの泉」をつくる

息子が小学生だった、ある冬の日のことである。

息子がこたつにはまり込んで、「こたつ亀」になってしまった。手の届く範囲にスポーツドリンクと漫画数冊とプラモデルまで置いてある。たまにうとうとしながら、自堕落な午後を過ごしている。私は隣室で仕事に追われていたので、これ幸いと放っておくことにした。

しばらくして、息子が、「ママ、寂しくなったら、おいらを呼んでいいよ」と言う。理由を聞いたら、こたつから出るのが億劫《おっくう》なので、何かのきっかけが必要なのだそうだ。ママが寂しいとなったら、駆けつけないわけにはいかないじゃん、と偉そうな口を利く。私が寂しいからって、あなたを呼びつけたことなんかあったかしら？　反論しようと思ったが、仕事に集中したいのでやめておいた。

しばらくして、私は、ふと興味が湧いた。母親に「寂しい」と言われて駆けつけて、彼は何をしてくれるつもりなのだろうか。そこで、彼に声をかけてみた。「寂しいから、きてくれる?」

息子は、心底億劫そうな声で、「今、いいところだから、後でね」だそうだ。結局、母への愛も、こたつと漫画の愉楽には勝てなかったのね。

私が笑いながら、彼の背中を小突いたら、彼が「こたつに一緒に入ろうよ。この漫画、絶対面白いからママも読んで」としつこく誘う。結局、ちょっと付き合うつもりがどっぷりはまって、こたつ亀の親子になってしまった。

この日、夕飯の買い物に行きそびれたら、どうしても野菜が足りない。こたつから出られなくて悩んでいたら、「ママ、いいよ。明日の給食で、サラダのお代わりしとくからさ」人生に一日くらいこんな日があってもいい。息子と並んでこたつに入る一日なんて、人生の中で、そう何度もないに違いない。私は、自分を甘やかすことにした。

家族は甘やかしてもいい

息子と寄り添って、冬の午後をこたつの中で過ごす。陽がゆっくりと傾くのを2人で見ていたら、ふいに息子が「ママ、科学者って、どうやって食べてるの？」と尋ねた。「大学や研究所からお給料がもらえるわよ」と答えたら、「ああ、よかった。それじゃ、おいら、科学者になるね」

息子いわく、地球のCO_2増加が胸がつぶれるほど心配なので、科学者になってCO_2をO_2に変える方法を発明するのだそうだ。でもその前に、と息子は目を輝かす。「地球上のすべての人が、毎日同じ時刻に1分間息を止めたら、少しはCO_2が減らない？　おいらの発明まで、それで対応できないかなぁ」

う～ん。息を止めても代謝は減らない。

「息を1分止めたら、その後、はぁはぁって2倍息をすることにならない？　結局、息の量は変わらないのでは？」

「そうか～」

実際に2人でやってみて、そのとおりなので、大笑いしてしまった。

ただ、息を止めること自体はナンセンスかもしれないけれど、その1分間を「祈り」だと考えれば、どうだろう。地球上のすべての人が、共に地球を思って祈る。無駄なエネルギー消費や、自国のためだけの粗野な開発が少なくなるはずだ。「きみは、科学者よりもすごいことに気づいたのかもしれないね」

こたつ亀の親子は、この日、地球の未来を思って一緒に居眠りをした。夕飯の野菜は、「しかたないなぁ」とため息をつきながら、パパが買ってきてくれた。

——私の子育ての記憶の、ここかしこに、こんな「ゆるい時間」がある。

たとえば、毎年8月31日は有給休暇を取って、息子の宿題を家族で仕上げた思い出とか。あれは楽しかったなぁ。作文のゴーストライターは私、工作の下請けはパパ。これに息子の手が加わると、いい味が出たのだ。3人が一つの目的に向かって、めちゃくちゃ結束する夏の終わりの一日。宿題リストの最後の行を見なかったことにして、親子でしらばっくれたり。

子育てを終えて、息子が三十近くなった今、しみじみと思うことがある。

自分を追い詰め、子どもを急《せ》かして必死に生きた時間ももちろん大事だったのだろうが、ふり返ってみれば、「ゆるい時間」こそが息子を育み、家族の絆を作ってくれた。

家族は、甘やかしていい。
自分も、甘やかしていい。
私にとって、家とは、そういう場所である。
――だめなの？

それでも共感してあげる

先日、ある男性から質問を受けた。先生は、家族との対話は共感から始めよ、というけれど、それがどうにも難しいのです、と。

実家の母が、軽い老人性の鬱《うつ》なのだという。「生きていても虚しい」を繰り返す。話を聞いてやりたいと思うが、どうでもいいような愚痴が溢れ出るので、まったく共感できず、「お母さんよりつらい人は、この世にたくさんいる」「もっと前向きに考えよう」とつい言ってしまう。すると話は堂々巡りして、「生きていても仕方ない」というセリフでとどめを刺される……。「それでも、私は、母に共感しなければいけないのでしょうか」と男性は言った。

私は、その人の目をまっすぐ見て、「それでも」とうなずいた。「それでも、共感してあげてください」

私は、そのことばを、背筋を正して、覚悟をもって口にした。彼の苦しさが、痛いほどわかったので。「それでも、優しくしなさい」と言われることの絶望を、私は知っている。

私の母にも、そんな時期があった。

今は、ほどよく「すっとぼけて」くれて、カワイイ90歳になったけれど、いわゆる老人性の鬱に陥った時期があったのだ。私も母の「生きていても仕方ない」「死にたい」を何度となく聞いた身である。

しかしある日、私は、母の絶望に、心から共感することになった。母が、「踊れなかったら、生きていても仕方ない」と口にしたときだ。

母は、日本舞踊の名取である。母の舞台を何度か見たが、その表現力は圧倒的。人の目をそらさせない華やかさとテクニックがあり、名取の踊り手の中でも群を抜いていた。

その母が、ひざ軟骨の変形で、踊るのが難しくなった。それでも母は、杖《つえ》を突いて稽古場に行き、椅子に座って、手ぶりだけでも習っていたのである。しかし、背中も痛めて、とうとう踊りをやめて、一日の大半をベッドで過ごすようになった。そのとき母が、絞り出すような声で、「踊れなかったら、生きていても仕方ない」と言ったのである。

私自身は、社交ダンスを42年間、踊っている。踊らない人生は、想像もつかない。私の、自分自身の人生に関する望みは、ただ一つ。死ぬ直前まで踊り続けることだ。

だから、母の気持ちが胸に迫って、苦しいほどだった。

私は母の手を握って、「本当につらいよねぇ」と共に泣いた後、「お母さんと、少しの間、身体を交換してあげたい。そうしたら、もう一度舞台を踏めるのに」と言った。

すると、母が、我に返ったような顔をして、「やめてよ」と怒ったのである。「あんたに、一日でもこんなつらい思いをさせるくらいなら、私がする」

以後、母は、「生きていても仕方がない」と言わなくなった。娘に「代わってあげたい」なんて言わせたら、神様に聞こえてしまう、と恐れたのかもしれない。

おかげで、私は、母の深い愛を知った。

母が人生を卒業する日、私は、きっと、このことを思って泣くだろう。

優しさという覚悟

「優しさ」は、お金とは違って、元手が要らない。

親に与えられなくても、子に与えることはできる。パートナーにそれが足りなくても、注いでやることはできる。

家族に注いだ「優しさ」は、家族の中で温かく循環し、泉のようにこんこんと湧き上がる。

けれど、「優しさ」のない家族に、その泉を作るためには、「優しさ」の呼び水が必要だ。誰かが、まず、優しさを注ぎはじめないと。たとえ、見返りがなくても。

「優しさ」を何かのバーターにしていると、つまり「いい子だから、褒める」「いい夫（妻）だから、感謝する」「私がこんなにやっているのに、あなたはどうなの」なんて発想をしていると、その家族は、いつまでも「優しさ」に飢えてしまうことになる。

「優しさ」を、自分から注ぎ始めたとき、最初は、砂漠に水を注ぐような気持ちになるだろう。かなり覚悟の要ることである。だけど、絶対に、大丈夫。家族は、そんなにあなたを待たせない。

この本で取り上げたルールを（全部じゃなくても一つだけでも）、とりあえず順守してみてください。ほどなく、家族が変わり始めたことが実感できるはずだ。

——家族を甘やかす。

この本の書き始めには、もっと気楽に、家族を楽しんでもらいたいという気持ちで始めた思考の旅だったけれど、気づくと、なんだか、壮大な場所に来てしまった。

家族とは、案外、人生の大テーマなのかもしれない。

言うことをきかない子どもに優しくなれたら、愚痴と指図でマウンティングしてくる親に優しくなれたら、優しいことば一つ言えないパートナーに優しくなれたら、人生が変わる。

それは、あらゆるファンタジーで描かれてきた、犠牲によるコンプリート（達成）。カエルにキスをしたり、火の中に身を投げたりした瞬間、世界が変わる、あれだ。

人生とは、なかなか飽きないアトラクションである。

おわりに

あるとき、東欧出身の競技ダンスカップルのショーを楽しんだ。

キレのいい、鍛え抜かれたダンスを楽しんだあと、アナウンサーが彼らに語りかけた。

「一日数時間の練習を欠かさずこなし、世界選手権への出場やショーなど、年に30回を超える海外遠征をこなしているとお聞きしました。大変ですね」

そうしたら、女性ダンサーが、こう答えたのである。

「私の育った町では、戦うか死ぬか、その選択しかなかった。好きなダンスをして生きているだけであまりにも幸せ。大変だなんて思ったこともない」

戦うか、死ぬか。

リスクしかない選択である。

楽をして生きることができるなんて、思いもよらない。そんな世界が、まだまだこの世にはある。

才能があり、その才能をギリギリまで輝かせている人に「大変ですね」と声をかけてしまう日本人の「平和呆《ぼ》け」を、吹き飛ばしてくれる一言だった。

しかし、平和な国には、平和な国の苦しみがある。

どこまでも理想を追い求めることができる環境にいるから、「理想からの引き算」でものを見ることになる。

もっといい成績、もっといい暮らし、もっといい評価、もっといいポジション……。しかも、もっと楽しく、もっと簡単に。

常に、「もっと、もっと、もっと」という心の飢餓と共にあり、それが「自分の思い」ではなく「他人目線」に依存しているから、どう頑張っても自己充足がなされ得ない。頑張れた日も、頑張れなかった日も、疲労感は日々積み重なっていく。

かくして、平和な国の人の方が、過酷な国の人より疲れている、というパラドックスが起こってしまうのである。だから、精いっぱい生きて輝いている人に、「大変ですね」なんて言ってしまうのだ。かと思えば、心の赴くままに生きようとする人を、激励や正義という大義名分でボコボコにすることも。

「大変ですね」ということばの意味を測りかねて、通訳に困惑の表情を見せたペアの横顔を眺めながら、この国は限界かもしれないな、と、ふと思った宵だった。

そんな思いに、淡く浸っていたある日、俳優の三浦春馬さんが亡くなった。自殺とみられるという。

才能あふれる美しい人の自殺に、私は胸をえぐられるような思いがした。本当の理由はもしかすると別のところにあるのかもしれないが、私には、真摯でストイックな表現者の心の糸が切れてしまったように見えた。

なぜ、立ち止まれなかったのか。誰か、彼を甘やかしてあげることはできなかったのか。彼に、「さぼってもいいんだよ」「失敗は人生の貯金だから、恐れなくていい。もしも、耐えられなかったら、ここに帰ってくればいい。世界中から、あなたを守ってあげる」と言ってくれる家族はいなかったのか。

——今、私にできることは何か。

世界や国を変えることはできなくても、一つの家族の緊張をほぐすことくらいはできないだろうか。

そう考えて、この本を書き始めた。


この本を生み出すに当たっては、NHK出版の山北健司さんに本当にお世話になった。時々刻々様相が変わるコロナ禍の東京で、今本にできること、今私たちにできることを、真摯に考え抜いてくれた。

この場を借りて、心から御礼申し上げます。


私は、人工知能とヒトのインタフェースを研究し始めて、37年になる。

ヒトとは何か。人工知能がけっして介入できない、あるいは介入してはいけない、ヒトの尊厳とは何か。そこを侵さない、人工知能の設計とは。それが、私の研究テーマである。

この本では、その立場から見た、「家族」の理想の風景を描いてみたつもりだ。

すべての家族が、こうであるべきだとも思っていない。人それぞれでいいのである。

ただ、いくつかの家族が、ほんの少し楽になってくれたら、本当に嬉しい。

家族は、叱咤激励するよりも、甘やかしたほうが強くなる。それだけは、絶対です。

ここまで読んでくださったあなたが、幸せになりますように。

心から祈っています。

２０２０年９月

黒川伊保子

参考文献

・黒川伊保子『妻のトリセツ』講談社＋α新書、２０１８年
・黒川伊保子『夫のトリセツ』講談社＋α新書、２０１９年
・黒川伊保子『娘のトリセツ』小学館新書、２０２０年
・黒川伊保子『コミュニケーション・ストレス――男女のミゾを科学する』ＰＨＰ新書、２０２０年

校閲　金子亜衣
DTP　佐藤裕久

黒川伊保子 くろかわ・いほこ
脳科学・人工知能（AI）研究者。1959年、長野県生まれ。
奈良女子大学理学部物理学科卒業後、コンピュータ・メーカーに就職し、
AIエンジニアを経て2003年より（株）感性リサーチ代表取締役社長。
大塚製薬「SoyJoy」のネーミングなど、多くの商品名の感性分析を行う。
また男女の脳の「とっさの使い方」の違いを発見し、
その研究成果を元にベストセラー『妻のトリセツ』『夫のトリセツ』
（以上、講談社＋α新書）などを発表。
他に『女の機嫌の直し方』（集英社インターナショナル新書）、
『恋愛脳』『成熟脳』（以上、新潮文庫）などの著書がある。

NHK出版新書 637

家族のトリセツ

2020年10月10日 第1刷発行
2024年 3 月 5 日 第5刷発行

著者 黒川伊保子 ©2020 Kurokawa Ihoko
発行者 松本浩司
発行所 NHK出版
〒150-0042 東京都渋谷区宇田川町10-3
電話 (0570) 009-321（問い合わせ） (0570) 000-321（注文）
https://www.nhk-book.co.jp（ホームページ）

ブックデザイン albireo
印刷 壮光舎印刷・近代美術
製本 二葉製本

Printed in Japan ISBN978-4-14-088637-3 C0211

NHK出版新書好評既刊

マグロの最高峰
中原一歩
豊洲で一日に並ぶ二百本の上位「二、三本」は何が違うのか？ 漁師・仲買人・鮨職人に長年密着取材してきた作家による、究極の「マグロ入門」誕生！
609

年金崩壊後を生き抜く
「超」現役論
野口悠紀雄
決してバラ色ではない「人生100年時代」。国にも会社にも、もう頼れない！ 老後の暮らしを守る唯一の方法を、日本経済論の第一人者が提言する。
610

高校世界史でわかる
科学史の核心
小山慶太
ニュートンはなぜ後世に名を残せた？ 普仏戦争と量子力学の意外な関係とは。近現代史を大きく動かした科学の営みをたどる、科学史「超」入門！
611

実践 幸福学
科学はいかに「幸せ」を証明するか
友原章典
日本の男女格差はG7最下位、なのに幸福度の男女差は女性が上！ その理由とは？ 行動経済学の俊英が、科学に基づく「幸せ」のあり方を提唱する。
612

死ぬまで、努力
いくつになっても「伸びしろ」はある
丹羽宇一郎
定年後の幸せ、老後の理想、若者との向き合い方。後悔なしに生きるには何を心掛けるべきか。豊富な経験から語り尽くす、人生後半戦の指針書！
613

AI vs. 民主主義
高度化する世論操作の深層
NHK取材班
すでに世界68か国で展開されている「AI世論操作」。それはいかに社会を脅かすのか。告発者らの生々しい証言を手掛かりに探る民主主義の未来。
614

NHK出版新書好評既刊

それでも読書はやめられない
本読みの極意は「守・破・離」にあり
勢古浩爾
名著、名作に入門、格闘し、敗れたのちに開眼する!? 何ものにもとらわれない読み方へ。古希を過ぎて総括する、痛快なる読書一代記!
615

移動革命
MaaS、CASEはいかに巨大市場を生み出すか
三菱総合研究所［編著］
EV・自動運転・配車アプリ・シェアリング……。「移動」をめぐっていま起こりつつある、100年に1度のパラダイムシフトの実相を解き明かす。
616

ミッシングワーカーの衝撃
働くことを諦めた100万人の中高年
NHKスペシャル取材班
労働市場の「落とし穴」に陥るリスクは、誰にでもある！ 働き盛りの40代・50代に何が起きているか？ 話題沸騰のNHKスペシャル、待望の書籍化！
617

欧州分裂クライシス
ポピュリズム革命はどこへ向かうか
熊谷 徹
EUから離脱する英国、右傾化に抗うドイツ。「格差拡大」「アイデンティティの喪失」という二つの不安軸から欧州情勢の今を読み解く。
618

日本美術の底力
「縄文×弥生」で解き明かす
山下裕二
過剰で派手な「縄文」と簡潔で優雅な「弥生」の2軸で、日本美術を軽やかに一気読み！ 傑作61点をオールカラーで掲載した、著者初の新書！
619

マルクス・ガブリエル 欲望の時代を哲学するII
自由と闘争のパラドックスを越えて
丸山俊一＋NHK「欲望の時代の哲学」制作班
NHK番組で大反響のマルクス・ガブリエルが帰ってきた！ 舞台はニューヨーク。資本主義と民主主義の中心地で、哲学のホープは何を語るのか!?
620

NHK出版新書好評既刊

英文法をこわす
感覚による再構築
大西泰斗
英文法の文型、規則・用法を丸暗記するのではなく、ネイティブの語感をじかに捉えるには？「NHKラジオ英会話」人気講師が明快かつ情熱的に説く！
621

もっと試験に出る哲学
「入試問題」で東洋思想に入門する
斎藤哲也
ブッダに道元、西田幾多郎まで。「センター倫理」厳選26問を導きに、インド・中国・日本をまたぐ東洋思想の流れを明快に説く第2弾！
622

2025年のデジタル資本主義
「データの時代」から「プライバシーの時代」へ
田中道昭
GAFAなどの巨大テック企業による富の独占に抗い、世界で高まる個人情報保護の機運。デジタル資本主義が進展する中で、次に覇権を握る者とは？
623

今ここを生きる勇気
老・病・死と向き合うための哲学講義
岸見一郎
幸福に「なる」のではなく、「今」が幸福で「ある」。それが、人生の答えだ――。ベストセラー『嫌われる勇気』の著者による、はじめての講義型新書！
624

京都を壊した天皇、護った武士
「一二〇〇年の都」の謎を解く
桃崎有一郎
後鳥羽・後醍醐ら一部の天皇は、なぜ京都を危険に晒したのか!? 京都と天皇をめぐる一二〇〇年の「神話」を解体し、その本質へと迫る意欲作！
625

極上の死生観
60歳からの「生きるヒント」
齋藤 孝
〝生きること〟の究極的な本質とは何か？「死の不安」に打ち克ち、人生の意味に自分自身で気づく方法を、古今東西の賢者・哲人・聖者たちに学ぶ！
626

NHK出版新書好評既刊

現代哲学の最前線　仲正昌樹

哲学は今何を問うているのか？　正義論、承認論、自然主義、心の哲学、新しい実在論という5つのホットなテーマを概観し、その核心を一気に掴む！

627

世界を動かすイスラエル　澤畑　剛

イスラエル・中東情勢を、「イノベーション」「キリスト教福音派」「シェール革命」などをキーワードに多角的に読み解く。現役記者による最新リポート。

628

いまこそ「小松左京」を読み直す　宮崎哲弥

その予見的性質のため、いまふたたび注目を集めるSF作家・小松左京。『日本沈没』等の代表作を読み直し、戦後最大の知識人の思索をたどる。

629

パンデミックが露わにした「国のかたち」　熊谷　徹
欧州コロナ150日間の攻防

そのとき、イタリアで何が起きたのか？　ドイツはどう動いたのか？　新型コロナウイルス第二波襲来が叫ばれるいま、日本の選ぶべき道を提言する。

630

教育格差の経済学　橘木俊詔
何が子どもの将来を決めるのか

何が教育格差を生み出すのか。所得の影響、保育園と幼稚園の差、塾の効果などを、格差研究の第一人者がコストとリターンの観点から徹底分析！

631

人類の選択　佐藤　優
「ポスト・コロナ」を世界史で解く

コロナ禍を歴史的に分析し、国際情勢と日本の未来を展望。複数の選択肢に揺れるコロナ後の世界と人間の生き方に確固たる指針を示す！

632

NHK出版新書好評既刊

名著ではじめる哲学入門
萱野稔人

哲学とは何か。アリストテレスで「人間」の本質を抉り、ハイデガーで「存在」の意味を知る。複雑化する世界を新視点で捉える実践的学び直しの書。

633

イノベーションはいかに起こすか
AI・IoT時代の社会革新
坂村健

日本よ「変わる勇気」を持て。世界に先駆けIoTのコンセプトを提唱した稀代のコンピューター学者が、私たちの社会の進むべき道を指し示す。

634

マルクス・ガブリエル 危機の時代を語る
丸山俊一＋NHK「欲望の時代の哲学」制作班

人気番組のニューヨーク編から、大反響だった「ガブリエルと知の最前線5人との対話」をまるごと書籍化！コロナ直後の緊急インタビューも収載！

635

「冴える脳」をつくる5つのステップ
ゆっくり急ぐ生き方の実践
築山節

日々の不調に加え、コロナ禍で脅かされる生活や健康。現代人が抱える不安に適切に対処できる「脳」のつくり方を、ベストセラーの著者が伝授！

636

家族のトリセツ
黒川伊保子

親子関係から兄弟、夫婦関係まで。イライラやすれ違いの具体例を挙げながら、「脳の個性」を理解し、「最も身近な他人」とうまく付き合う方法を伝授！

637